T0147003

¿Que mi hijo es qué? ¡Indigo!

Miranda Díaz

BALBOA.
PRESS
A DIVISION OF HAY HOUSE

Puede hacer pedidos de libros de Balboa Press en librerías o poniéndose en contacto con:

Balboa Press
Una División de Hay House
1663 Liberty Drive
Bloomington, IN 47403
www.balboapress.com
1 (877) 407-4847

Información sobre impresión disponible en la última página.

ISBN: 978-1-9822-1397-8 (tapa blanda)
ISBN: 978-1-9822-1399-2 (tapa dura)
ISBN: 978-1-9822-1398-5 (libro electrónico)

Numero de la Libreria del Congreso: 2018911961

Fecha de revisión de Balboa Press: 11/05/2018

A mis hijos Antonio y Eduardo,
Gracias por amarme como lo hacen, son mi luz.

A mis hermanos:
Rosie, Domingo, Ilda, Ramón, Alberto, Joseluis, Mayté y
Blanca,
Por compartir el viaje conmigo, con amor, respeto y
diversión.

A los que se han adelantado y siempre están:
Hermana Alma, Tía Mary, Mama Antonia, Tía Rosa, Papa
Domingo, Tía Cruz

INDICE

Introducción

Esta es una aportación personal, basada en mi experiencia como persona índigo, que vivió las consecuencias de ser diferente desde los primeros años de vida, hasta la fecha a mis cincuentas.

Como lo menciono en el capítulo de mi historia personal, he sido autodidacta desde mi adolescencia, ya que empecé a trabajar como secretaria a los 14 años y mi mayor tesoro era comprar un libro cada día de pago, entre los temas que llamaban mi atención, investigué sobre la conducta humana tratando de entenderme yo y poder entender a los demás, cuando mis libros no llenaban mi sed de saber, pasaba algunas tardes en la biblioteca cercana.

En los años noventa me encontré con la magia del internet, fue algo maravilloso tener tanta información a mi alcance, hasta hoy en día sigo disfrutando el perderme en el mundo cibernético que parece infinito y mágico; tanto en los libros como en internet, fui descubriendo que algunas cosas que estaba creando en mi mente sobre el comportamiento y otros temas, producto de mucho observar, asociar, imaginar y pensarlo mil veces, habían sido descubiertas antes por otras personas, eso ha provocado en mí, sentimientos encontrados, pues me ha hecho sentir simplemente parte del mundo, me ha hecho sentir casi "normal", que no soy tan brillante como a veces lo creo, ni soy quien el planeta estaba esperando para girar, soy como cualquier otra persona con ideas que pueden ser útiles.

Al mismo tiempo, el darme cuenta que mis descubrimientos o conclusiones ya eran parte del conocimiento colectivo, me ha hecho sentir que estoy retrasada, que debo ir más rápido en tomar acción con todas las cosas que cargo en mi cabeza, pues mi mente ha avanzado rápido y tengo mucha información que puede ser útil a la gente, por eso me encuentro aquí, compartiendo a través de este libro, que espero sea el principio de muchos más.

Estoy empezando con el tema de los niños índigo, a pesar de saber que hay publicaciones sobre esto desde hace 40 años, aun así, creo que puedo aportar algo más, sobre todo para los hispanos, ya que la mayoría de las obras que se encuentran en el mercado son traducciones del inglés, que pierden algo de su esencia y sentido, a veces el lenguaje que usan algunos autores es muy técnico, rebuscado o confuso, yo quiero dirigirme con palabras comunes, fáciles de entender.

Me gustaría que mis lectores se sientan identificados con mi cultura, mis costumbres, mi lenguaje, específicamente los mexicanos e hispanos en general, ya que llevamos en nuestros genes una riqueza espiritual muy grande y la gran mayoría no somos conscientes de ello; los niños índigo están multiplicándose en México y en cualquier lugar a donde hemos emigrado, principalmente Estados Unidos.

Por desgracia, nuestras costumbres no incluyen el hábito de la lectura o el interés por desarrollar una investigación personal sobre algún tema, he atendido docenas quizá cientos de niños con vibraciones elevadas descendientes de mexicanos y la mayoría de los padres nunca han escuchado de los índigo, increíble en el mundo globalizado que vivimos hoy día no?

En muchos de estos casos son niños diagnosticados con hiperactividad o déficit de atención (TDA – TDAH) o ambas cosas y llegan a mi buscando algo alternativo que pueda ayudarlos antes de llegar a la medicación, en casos extremos he conocido pequeños con diagnóstico de esquizofrenia y medicados desde los 4 o 5 años, todos ellos han sido mi mayor motivación para buscar los medios de difundir esta información que pueda orientar a sus padres, maestros, orientadores, sicólogos, enfermeras, médicos, etc.

Respeto totalmente un diagnóstico médico, por lo tanto, siempre les pido a los padres de familia que si van a aplicar algunas de mis recomendaciones, mantengan a sus hij@s bajo observación y comenten con su pediatra, sicólogo o siquiatra, cada detalle que vaya cambiando y esperen la autorización de ellos para modificar alguna dosis o suspender la medicación por sencilla que parezca.

Muchos de los niños, empiezan a mostrar cambios positivos en su conducta, desde el mismo momento en que sus padres (o al menos uno de ellos) lo reconoce como índigo y declara de viva voz que acepta, reconoce y ama incondicionalmente a su hijo, comprometiéndose a apoyarlo para que logre realizar lo que vino hacer.

Por lo general, esto sucede cuando ese padre o madre recibe la información que comparto en este libro, ya sea a través de una entrevista personal conmigo o con alguien de mi equipo, quizá porque ha participado en algún grupo conmigo o leído alguno de mis artículos sobre el tema de los índigo y entiende los conceptos sobre la energía corporal, la vibración energética, el campo áurico, etc. y como dije antes, es importante que declare de viva voz que acepta, reconoce y ama incondicionalmente a su hij@.

En los lugares donde me invitan a impartir la conferencia sobre los niños índigo, además de compartir la información de este libro con los padres, los invito a seguir trabajando con ellos mismos, sanando sus miedos, confusión, culpas, etc. ya que ellos representan las raíces por las cuales se nutren espiritualmente sus hijos, así que cuando la raíz está segura, clara, fuerte, llena de amor y fe, entonces nutre mejor y no solamente su cuerpo, también libera su mente y fortalece su alma.

Los hijos de padres sanos, armoniosos y amorosos, aprenden a equilibrar su energía, a recordar para que vinieron, a tener claro porque fueron dotados de cualidades especiales y desde pequeños conectarán con su espíritu que es perfecto, sano y lleno de luz; pero insisto, la más valiosa ayuda que los padres pueden dar a sus hijos es trabajar con ellos mismos.

También en los lugares donde ando, he podido conocer a una gran cantidad de adultos índigo que en su infancia por diferentes motivos bloquearon su sensibilidad, aunque es algo que nunca se consigue por completo, ahora estos adultos se identifican conmigo al escucharme en alguna conferencia o uno de mis talleres, cuando comparto algún fragmento de mi historia, siempre hay alguien que se acerca al final o pide la palabra en público o en silencio limpia sus lágrimas o comenta con alguien de mi staff, alguna semejanza conmigo o como mis palabras le han recordado partes de su propia vida que estaban dormidas.

Nos estamos atrayendo, no hay casualidades, tengo estos encuentros constantemente incluso en la calle, en lugares públicos, en los momentos más inesperados, a veces son con alegría y risas, a veces con miedo y llanto, pero siempre es un enorme alivio saber que hay otros como nosotros, que uno no está loco, no está solo, no estamos enfermos, ni estamos defectuosos o algo semejante y no somos extraterrestres.

En la mayoría de los casos basta con recibir toda esta información para reencontrarse a sí mismos, pasando por un proceso interior de aceptación y reconocimiento que empieza por revivir recuerdos, trozos de su vida que estaban como olvidados y ahora empiezan a venir a su mente, recordándoles quienes son, casi siempre vienen también las memorias del porque se fueron bloqueando, del porque fueron negando lo que sentían, veían, percibían, se reviven sentimientos de dolor, de miedo, de vergüenza, etc.

Este proceso puede llevar horas, días, quizá semanas, en cada persona sucede diferente, pero ahora como adultos resulta más fácil aceptarse y reconocerse, como índigo dotado de herramientas especiales, proceso que los lleva a retomar su misión de vida, comprometiéndose consigo mismos para cumplirla en beneficio de la humanidad.

Casi es seguro que usted lector, que me hace el favor de adquirir esta obra, conoce a algún índigo o tiene uno en casa, con una alta posibilidad de que usted mismo lo sea, pues nuestras energías se atraen y espero que este libro sea la oportunidad de unir nuestros esfuerzos para poder entregar nuestra aportación a la humanidad, logrando elevar la vibración de mundo, sobre todo en la etapa de transición energética en que nos encontramos, finalmente, ¡a eso venimos!

Espero de todo corazón que esto que comparto sea de utilidad y su efecto se vea multiplicado, que cada persona que me lea experimente un cambio positivo y sea capaz de compartirlo, que pueda sentirse a sí mismo más ligero y feliz, en caso de que descubra en estas páginas que es un índigo o bien, que pueda ser más empático con todos los índigo que crucen en su camino y si es padre de un índigo, tenga la edad que tenga su hij@, por favor hágale saber que lo reconoce, lo acepta y lo ama incondicionalmente.

De manera particular, este libro está dirigido a todas las personas que les llama la atención el tema de la energía universal, la nueva era, el despertar de conciencia y toda la diversidad de subtemas que en este nuevo siglo han invadido las charlas de café, de casa y convivencia en general, esperando que este libro provoque un cambio positivo en sus conciencias o mínimo, que afirme sus convicciones y puedan coincidir conmigo para que nuestras alianzas se manifiesten en el mundo que compartimos.

Para los profesionales de la salud en todas sus áreas, con la esperanza de que reciban este libro y les sirva para abrir su mente a un mundo alternativo de curación, que puedan balancear su conocimiento científico con todo esta información energética, intuitiva, de fe, para que ofrezcan su servicio de una forma más humana/espiritual, sentimental/racional o lógico/sensible, reconociéndose a sí mismos con el papel tan importante que llevan en la vida de un índigo, ya que son el inicio para generar una convivencia diferente con los índigo en la sociedad.

Para los profesionales de la educación en todas sus categorías, con la certeza de que podrán identificar a muchos de sus alumnos en cada capítulo, encontrarán algunas experiencias que servirán para ampliar sus métodos de enseñanza y lograr una mejor disciplina en clase, pero lo mejor de todo es que podrán obtener mejores resultados en su trabajo, beneficiándose todos.

Para aquellos adultos índigo que tienen recuerdos desagradables sobre su infancia, cuando envueltos en su inocencia dijeron haber visto un familiar fallecido o en su afán de ser apreciados se atrevieron a mostrar sus dones ante los hermanos o amigos, recibiendo a cambio rechazo, burlas y mucho miedo, para ustedes adultos índigo que ahora pueden recordar con suma tristeza la forma en que fueron abandonando sus sueños, hasta llegar a olvidarse quien realmente son, espero que encuentren aquí algunas palabras que los lleven a reencontrarse con amor, con seguridad, con alegría, lo deseo de todo corazón porque el mundo los necesita ahora, no cuando sean perfectos y hay mucho por hacer, toda aportación será valiosa, tomemos acción ya.

Para aquellos padres que se encuentran desesperados con hijos pequeños sufriendo insomnio, males digestivos, intolerantes a la alimentación, agresivos con algunos familiares, que detestan ciertos lugares y ciertos sonidos, incluso que han tenido que medicarlos quizá desde recién nacidos contra una cosa y después otra y después otra.

Ustedes padres de familia que se han esclavizado al cuidado y atención de su hij@ "rar@", pues seguramente ningún familiar se quiere hacer cargo de ellos ni por unas horas, por lo difícil de su comportamiento, espero que esta información les ayude a tener una vida más tranquila y sobre todo que ayude a sus hijos para vivir en armonía con ellos mismos y el hogar a donde decidieron llegar.

Por ustedes pequeños índigo, que cada día están llegando más y más a este mundo raro en el que llevo más de cincuenta años y todavía me cuesta trabajo sentirme parte de él, por ustedes y para ustedes, me atrevo a vivir el reto de escribir este libro, con todas mis limitaciones, haciendo mi aportación para allanarles el camino, pretendiendo que podrán avanzar más rápido, si son tratados con empatía y protección.

De antemano, una disculpa a los experimentados escritores y personas sabias en literatura, seguramente mi obra carece de calidad literaria, como dije al principio, esta es una aportación personal basada en mi experiencia cuyo objetivo es simplemente ayudar a otros.

Capítulo 1

Mi historia personal

El primer recuerdo que tengo de alguna experiencia espiritual fue a mis 5 años de edad, vivíamos en una casa con un jardín rebosante de rosas que eran el orgullo de mi madre, los vecinos la llamaban la "casa de las rosas", había un patio trasero que me parecía muy grande, también con árboles, plantas, un columpio y en él podía encontrar toda clase de aventuras y desafíos, yo lo cruzaba todas las tardes para visitar a mi tía Martha que vivía en un pequeño departamento al fondo de la propiedad, la acompañaba a ver su telenovela y me obsequiaba un vaso de leche y galletas.

Una tarde como cualquiera que atravesaba el jardín para ir con mi tía Martha, me encontré con una niña menor que yo, sentada en el piso jugando con sus manos en la tierra, se me hizo muy extraño encontrarla ahí, dentro de la propiedad que tenía rejas siempre cerradas, además un perro pastor alemán que amenazaba con atacar a cualquiera que se acercara así que con mucha curiosidad me acerqué y el diálogo fue justo así:

Yo: ¿Cómo entraste aquí?
Ella: ¿vas con tu tía?

Yo: si, ¿quién eres?

Ella: necesito que le des un recado (mensaje)

Yo: de parte de quién?

Ella: solo dile que yo soy la niña que no nació, que ya la perdonaron, que ya deje de llorar

Yo: ¿solo eso?

Ella: si solamente vine a dejarle ese recado contigo

Me apresure a llegar con mi tía para dejar el mensaje antes de olvidarlo, ya que era parte de mi educación, cuando alguien pedía un favor o daba una orden, había que hacerlo pronto y bien.

Recorrí en segundos los pocos metros que me faltaban para llegar a su puerta que siempre estaba abierta y en cuanto la tuve enfrente le dije tal cual las mismas palabras, ella se quedó muda y sin parpadear, como sorprendida o asustada, luego me pregunto quién me había dicho eso, le dije que una niña que había encontrado en el patio, corrió a buscarla pero ya no estaba, me pregunto una y otra vez lo mismo con desesperación mientras sus lágrimas empezaron a correr por sus mejillas en abundancia, me hizo repetirle varias veces el mismo mensaje, de pronto se quedó quieta y solo se desvaneció en el piso.

Primero me asusté bastante, la movía, tocaba su cara, le hablaba, pero no reaccionaba, entonces grité y corrí por ayuda con mis hermanos mayores y mi madre, quienes vinieron rápidamente y la auxiliaron.

En la forma que yo fui educada los niños no preguntábamos ni interveníamos en conversaciones de adultos, así que esa tarde no supe más del asunto, solo me enteré que recobró el conocimiento a los pocos minutos y paso la noche llorando, al día siguiente en cuanto mis hermanos mayores se fueron a la escuela, mi madre me vistió, me peinó y me dijo que iríamos al templo, se me hizo raro porque no era el día de la semana que se acostumbraba ir, pero me gustó la idea de un paseo a solas con ella, ya que siendo nueve hermanos, eran pocos los momentos en que la tenía para mi sola.

Llegamos al templo y esperamos hasta que el encargado del lugar nos indicó que podíamos pasar, era una habitación muy grande, fría y con mucho silencio; me quede sentada en la primer silla y ella se acercó a él sosteniendo un corto dialogo de murmuraciones, después entraron otras personas y me sentaron sobre una mesa, todos decían lo mismo en voz baja como murmurando las mismas palabras, mientras el líder del lugar me rociaba con algún líquido que yo sentía frío sobre mi espalda y todo mi cuerpo, mientras ponían sus manos sobre mi cabeza, no fue agradable, yo quería llorar, quería brincar a los brazos de mi madre pero ella me detenía para que permaneciera ahí y me hacía señas de que me callara y me estuviera quieta, no entendí lo que decían o murmuraban y no sabía porque hacían todo eso conmigo, sentí miedo, vergüenza, culpa y coraje.

Al salir de ahí, tenía mucho frío, lo único que me dijo mi madre fue que nunca más lo volviera a hacer, que eso que había hecho con mi tía era algo malo, que le había causado una gran pena y que hablar con gente muerta era cosa del demonio.

Guarde silencio mientras caminamos un poco, yo seguía confundida, con frio y con miedo, luego se detuvo y me advirtió con el dedo índice frente a mi cara, que no debía decirle a nadie lo que habíamos hecho; más que sus palabras fueron sus gestos y su actitud lo que me asustó, sentí mucho miedo, le pregunte cual gente muerta y no respondió, pero luego entendí que se trataba de la niña del día anterior, guarde tan bien el secreto que algunos de mis hermanos apenas se enterarán de esto, ahora que lean este libro.

Después de muchos años me entere que mi tía Martha les contó esa tarde que se había impresionado tanto con mis palabras, porque ella se había provocado un aborto siendo soltera y eso no lo sabía absolutamente nadie, por ello, siempre que tenía oportunidad de estar a solas lloraba pidiendo perdón a Dios y sufría mucho por eso. También les dijo que ella siempre supo que ese bebe en su vientre era una niña, así que cuando recibió el mensaje supo de inmediato su significado, siendo de pronto una gran sorpresa, pero después le dejo mucha paz; ella siempre me hizo sentir especial, siempre tuvo atenciones conmigo y tuve el privilegio de estar a su lado a la hora de su muerte en mi adolescencia.

Hay otras anécdotas anteriores que me han contado pero no forman parte de mis recuerdos, esta fue la primer experiencia que marco mi vida y aunque durante mi infancia y adolescencia, hice todo lo posible por conseguir bloquear todo lo que sentía, veía, percibía, intuía, no lo logre realmente, por lo que las visitas secretas al templo sucedieron al menos, otro par de veces y tampoco fueron agradables, entonces aprendí a quedarme callada con todas esas sensaciones que me llenaban de miedo y como ya no volví a decir nada, pues en mi familia pensaron que al fin me había curado, que ya habían hecho efecto las oraciones, amenazas, rituales religiosos y todo lo que me habían aplicado.

Los primeros días de escuela fueron terribles para mí, nunca había estado fuera de casa donde ya me sentía más segura, en la escuela con tanta gente alrededor mío me sentía amenazada, vulnerable, confundida, lloré por dos semanas hasta que poco a poco me fui adaptando, tuve la fortuna de tener una maestra paciente y amorosa que me llenó de cuidados, me hizo sentir protegida y segura para poder concentrarme en el aprendizaje escolar, pero también pude llevar mi vida más tranquila y en paz, conforme fui aprendiendo a diferenciar lo que todos veían y lo que no, lo que podía decir y lo que no, asimilando con miedo, vergüenza y confusión que yo era diferente, que quizá nunca nadie me entendería.

Aprendí mucho observando todo y a todos, sacando mis propias conclusiones, escuchando sabios consejos de voces y/o presencias que me acompañaban y me hacían sentir segura, guiada, protegida, aunque nada era suficiente ante mi miedo a la obscuridad y una cantidad de fobias que desarrolle, dividida entre el mundo solo mío y el mundo en el que fui aprendiendo a navegar para poder convivir con mi propia familia y tratar de parecer normal.

Aun así, creo que fui una niña más bien solitaria, muy inteligente eso sí, me aburría que en la escuela repitieran tantas veces lo mismo de una y otra forma, si era tan fácil aprenderlo a la primera, así que luego me sobraba el tiempo y buscaba otras cosas que hacer, que por cierto no agradaban a mis maestros, siempre tuve reportes por indisciplina, pero siempre fui de los primeros lugares en calificaciones.

Uno de mis pasatiempos favoritos era observar los colores que salían de la gente, sobre todo de la cabeza y como se transformaban o cambiaban de color, fui haciendo mis propios códigos para interpretar lo que veía, fui identificando las sensaciones que venían para avisarme cuando algo bonito o feo estaba por suceder a mi alrededor, fui aprendiendo a defenderme de presencias obscuras, lo más importante quizá: aprendí a quedarme callada, viera lo que viera, sintiera lo que sintiera, eso me ayudo bastante a pasar mi adolescencia de una manera más "normal".

Varias veces mi maestra le dijo a mi hermana mayor que necesitaban hacerme revisar de la vista porque tenía problemas para ver, para enfocar lo que veía, yo le decía que veía a la gente borrosa y que la gente tenía colores sobre su cabeza, era sorprendente ver como cambiaban los colores lentamente en las personas al recibir una buena o una mala noticia.

Durante la adolescencia, yo estaba ya consciente de que podía percibir cosas que los demás no veían o sentían, se había convertido en algo secreto que me daba poder, yo sabía que tenía algo que los demás no tenían, no importaba si era cosa del demonio o no, me hacía sentir superior; mis amigas se divertían conmigo cuando les servía de médium para platicar con algún espíritu o cuando podía decirles si su novio les mentía, fui aprendiendo a manejar "mi poder" y mantenerlo en secreto en casa.

A pesar de haberme familiarizado con mis dones durante mi adolescencia, prefería que no lo supiera mucha gente, ayudaba a algunas personas conocidas pero con mucha discreción, nunca faltaba alguna amiga que se había muerto su familiar venía a buscarme para hacerle llegar mensajes a su ser querido o cuando no encontraban a alguien y yo podía darles pistas sobre su paradero o quienes estaban frente a una decisión importante en sus vidas y yo podía darle las opciones que tenía enfrente y quizá no las veía, etc.

Sentía la necesidad de apartarme de la gente, de todos, incluyendo mi familia, a veces me escondía arriba de un árbol o me metía al patio de alguna vecina o me iba a hacerles mandados a las vecinas para ganarme unas monedas, con tal de no estar en casa. También me gustaba sentarme a platicar con gente mayor, el tiempo se iba volando mientras escuchaba sus historias o sus quejas. Disfrutaba ver a la gente trabajar, sobre todo oficios, me encantaba ver a los albañiles, jardineros, mecánicos, pintores, etc. era día de fiesta si me dejaban ayudarles y me enseñaban cosas de lo que hacían.

Aunque no es algo de lo que me sienta orgullosa, después aprendí que es parte del ser índigo, empecé a fumar cigarrillos a los 14 años e ir a discotecas, fue cuando empecé a trabajar como secretaria y aprendí a manejar, tomaba alcohol los fines de semana, hacia cosas como de una joven de 20 años quizá, mis amistades siempre fueron de mayor edad durante mi juventud y ahora a mis cincuentas son en su mayoría menores que yo.

Tenía muchas actividades al mismo tiempo, en ocasiones llegué a tener un trabajo de tiempo completo, otro de medio tiempo y otro de fin de semana; estudiaba la secundaria en sistema abierto, estudiaba inglés por las noches, pertenecí a grupos sociales y de superación personal; me compré mi primer carro a los 17 años, tenía una vida social muy activa, contrastante por completo con el resto de mis 8 hermanos; reconozco riéndome, que he sido la loca de la casa.

Llegando a la edad adulta y a escondidas de mi familia, vencí uno de los temores más grandes: exploré en religiones diferentes a la que fui formada, participé en todas las que tuve a mi alcance, cuando alguien me invitaba o simplemente me metía para enterarme lo que hacían, siempre fui bienvenida, incluso en grupos espiritistas, espiritualistas y otros, buscando respuestas que no encontraba en ninguna parte y que tampoco encontré en esos lugares, simplemente porque no tienen que ver con religión, sino con espiritualidad y fe.

Me casé a mis 23 años, me sentía por lo menos con diez más, venía viviendo muy de prisa, sentía que no avanzaba. Luego tuve dos hijos varones, índigo, que son mi orgullo y la luz de mi vida, trece años de matrimonio y después me divorcié.

Faltando poco para cumplir mis treinta años, sucedió algo que me obligó a exhibir mis cualidades especiales, fue todo tan repentino y abrumador que no tuve tiempo de prevenirlo o evitarlo.

Sucedió que no encontrábamos a dos de mis hermanos, andábamos desesperados, angustiados, pues se suponía que venían en carretera hacia la ciudad donde vivíamos, en un trayecto de 5 horas y paso todo el día sin saber de ellos, siendo en vano todos los esfuerzos que hicimos por encontrarlos.

Así que alguien le recomendó a una de mis hermanas pedir ayuda a una vidente, quien supuestamente llevándole una fotografía, podría darnos información sobre el paradero de mis hermanos, ya desesperados decidimos ir a buscarla; cuando llegamos con ella, apenas me vio dijo que yo tenía más poder que ella y yo podía ayudar mejor a mis hermanos, primero negué todo lo que ella decía que veía en mí, me sentí sumamente expuesta frente a mi familia, pero el interés de encontrar a mis hermanos me hizo aceptar que era verdad lo que yo podía ver, sentir, hacer, etc., todos los presentes se extrañaron mucho pues ese era un secreto que mi madre se había llevado a la tumba.

En ese mismo momento, usando mi capacidad intuitiva y con la guía de la vidente, encontramos a mis hermanos; con toda la información tan precisa que yo pude proporcionar a través del viaje astral que esa señora dirigió conmigo, por lo cual estuvimos muy agradecidos con ella, en reciprocidad me pidió que fuera a ayudarle los martes y viernes a atender gente y acepté y cumplí.

Gracias a esa bendita señora, conocí la maravillosa experiencia de servir a mis semejantes, siempre estaré agradecida por ello, logré aceptarme, reconocerme y ofrecer mi ayuda, finalmente me sentí bendecida, afortunada y pude dejar atrás la crítica, el juicio, el miedo, la confusión, la duda, a partir de ese momento mi vida cambio, iniciando mi desarrollo espiritual y reencuentro conmigo.

Desde entonces, 1992 he participado en cursos, talleres, conferencias, rituales, ceremonias, encuentros, grupos y grupos y grupos, sobre todo en el centro de mi país o en cualquier rincón a donde creí que podía encontrar algo para mi crecimiento personal, en algún momento escuché por primera vez el termino índigo y toda su explicación, sentí que me estaban mostrando mi acta de nacimiento, entendí de golpe muchas cosas y llegaron a mi mente las respuestas a tantas preguntas, tuve tanta claridad sobre mí, quien soy, a que vine, todo tuvo sentido poco a poco y la certeza de que la luz divina de fe y amor incondicional eran mi protección y guía, para servir mejor, lo único que tenía que hacer era aprender a fluir con eso y así ha sido, sigo trabajando en ello !

Yo seguí el camino largo, el difícil, doloroso, para llegar a aceptarme y decidirme a servir a mis semejantes, usando las habilidades especiales que forman parte de mí, pero no tiene que ser así, yo espero contribuir a que l@s índigo que lleguen ahora, encuentren adultos más informados y empáticos, que l@s protejan, l@s ayuden para que hagan lo que vinieron a hacer en beneficio de la humanidad.

Espero que l@s índigo ahora puedan beneficiarse de mi humilde obra de servicio, que desempeño con todo el corazón, para que ell@s desarrollen misiones más grandes e importantes, que no se pierdan en infancias y adolescencias de miedo e ignorancia, me hace ilusión pensar que si sus padres no saben qué hacer con esos pequeñ@s índigo, habrá algún maestr@ o médico o sicolog@ que los oriente, pero que al menos alguien habrá en la vida de cada pequeñ@ índigo que lo ayudara a crecer en armonía con su misión de vida.

Algo que fue sumamente importante en mi crecimiento espiritual fue el primer encuentro que tuve con mi madre ya fallecida, le pregunté porque había hecho tantas cosas conmigo en mi infancia para obligarme a bloquear las habilidades que yo traía y su respuesta fue corta y simple, como siempre sucede con seres no encarnados, me dijo que solo había tratado de evitar que yo sufriera lo que había sufrido ella en su infancia, esas palabras fueron suficientes para entender, perdonar y sanarlo todo.

He combinado mi conocimiento adquirido de maestros de diversas áreas como la metafísica, sicología, tradiciones indígenas, religiones, etc., la sabiduría compartida por personas comunes, información de libros, de mis guías espirituales, de mi propia experiencia y espero seguir desarrollando mi sensibilidad y sabiduría personal, tengo un deseo grande de seguir aprendiendo y creciendo hasta los últimos días de mi vida.

Capítulo 2

¿Por qué se les llama así?

El cuerpo humano contiene muchos centros de energía, algunos muy pequeños, del tamaño quizá de una cabeza de alfiler, los cuales son utilizados por los maestros de la acupuntura, quienes conocen su ubicación y la relación que tienen esos minúsculos centros, con el funcionamiento físico del cuerpo, por ello cuando colocan sus agujas, estimulan la vibración de ese punto energético y se va recuperando la salud de ese órgano o parte del cuerpo en donde la vibración era muy baja o nula.

Así como existen esos pequeños centros de energía, también existen otros de diferentes tamaños en el cuerpo humano y todos se relacionan entre sí a través de la energía que fluye en nosotros, de forma constante, latente y cambiante.

Esos centros de energía son llamados chakras, siendo la teoría más común que existen 7 chakras principales (los más grandes) y cada uno de ellos conduce un tipo de energía por nuestro cuerpo, los mencionare solo a manera de referencia para quienes nunca han escuchado al respecto:

El primero, color rojo, llamado chakra raíz, ubicado en el perineo (cerca del ano), conecta la energía de nuestro origen, el propósito de vida.

El segundo, color naranja, llamado chakra sacro, ubicado abajo del ombligo, en el vientre, nos conecta con la energía generadora y creativa.

El tercero, color amarillo, llamado chakra del plexo solar, ubicado arriba del ombligo en el abdomen, nos conecta con la energía del balance y poder interior.

El cuarto, color verde, llamado chakra del corazón, ubicado en el pecho, nos conecta con la energía de sentimientos y la salud.

El quinto, color azul, llamado chakra mental, ubicado en la garganta, nos conecta con la energía del conocimiento y la comunicación.

El sexto, color índigo (casi morado), llamado chakra del tercer ojo, ubicado en medio de las cejas, nos conecta con la energía de la intuición y la fe.

El séptimo, color blanco, llamado chakra de la corona, ubicado sobre la cabeza, nos conecta con la energía de la conexión con el universo.

Las personas llamadas índigo, proyectan en su aura predominantemente el color índigo, (azul casi morado), precisamente porque su energía del sexto chakra tiene una frecuencia más alta de lo normal, que les permite conectar con mayor intensidad, a través de su intuición y sensibilidad con todo tipo de vibraciones.

La energía intuitiva permite a todos, "ver" más allá de lo que perciben los ojos físicos, por eso se le llama tercer ojo, porque a través del chakra que ahí se ubica, se puede "ver" todo lo que no existe físicamente, pero existe en energía. También este chakra maneja la energía de la fe, la fe en un ser supremo o divinidad, la fe en nuestros sueños, la fe en uno mismo.

O sea que, se les llama índigo porque es el color que emana del sexto chakra que vibra con la intuición, cuya vibración es más alta de lo normal, por lo tanto, el color índigo se proyecta con mayor intensidad alrededor de su cuerpo.

El aura es la energía del cuerpo etéreo que sobresale el cuerpo físico, (se le llama cuerpo etéreo ya que su consistencia es como éter), el aura humana entonces, refleja los siete colores que corresponden a cada uno de los chakras; el aura está vibrando siempre y modificando su "forma" gradualmente, según los pensamientos, sentimientos o emociones que experimentamos, así pues, el aura puede ser percibida o "vista" por los índigos, ya que ellos pueden "ver" la energía.

Si ya entendimos que un índigo vibra a un nivel más alto de energía intuitiva y por ello percibe todo tipo de energía, entendamos también que podrá sentir a los seres espirituales que no tienen cuerpo físico, podrían ser espíritus de familiares fallecidos o desconocidos, incluso podrá sentir la presencia de seres iluminados o ángeles y en algunos casos podrá comunicarse con ellos, conforme va desarrollando su poder intuitivo y percepción.

Esta habilidad del índigo para percibir y/o ver energías de todo tipo, es algo que aplica en cualquier momento, puede ser para captar la energía corporal de todo ser vivo, llámese seres humanos, animales, plantas, arboles, piedras, o bien la energía que se cruza entre las personas, ya sean familiares, pareja, amigos, etc. porque todos estamos intercambiando energía siempre, aunque estemos conscientes o no de ello.

Cuando un índigo es consciente de su nivel de percepción, ya sea a través de alguno de sus sentidos o a nivel sensorial, podrá desarrollarlo o manifestarlo aún más y entonces podrá "leer" también la energía que existe en espacios cerrados como casas, negocios, edificios, oficinas y en todas partes.

Todos contamos con esa energía intuitiva, solo que algunas personas tienen mayor conciencia de ella que otras, pero estoy segura que todos, al menos recordaran algunas veces en la vida, cuando entraron por primera vez en algún lugar y sintieron "algo raro", quizá la piel de gallina, quizá sudoración en sus manos o pies, algún escalofrío o temblor en las piernas, incluso algún zumbido o resequedad espontánea en la boca o mariposas en el estómago.

Esta sensación puede ser tan variada, como difícil de describir, en ocasiones, podríamos sentir como un tipo de miedo, quizá como si sintiéramos alguna presencia no física, o como si alguien a quien no vemos nos está observando o simplemente como si "algo" dentro de nosotros, nos dice que no debemos estar ahí.

Esa es nuestra intuición que está percibiendo alguna energía y manda la señal en forma inmediata al cerebro, y éste busca rápidamente alguna explicación lógica para eso que sentimos, porque de alguna manera automática queremos descartar que se trate de "simplemente mi intuición".

Esto puede suceder en cualquier lugar, en cualquier momento, a veces cuando menos lo esperamos, la mayoría se lo calla por temor a parecer locos, pero callarlo o no hacerle caso, ayuda a que nuestra intuición se bloquee, cada vez que desechamos los mensajes que nos manda, ese sistema de alertas llamado intuición se va apagando.

Pero también funciona al revés, cada vez que creemos más en ella, más se abre, más se agudizan nuestros sentidos, más se fortalece nuestra intuición y la podemos usar como una excelente herramienta personal, para protección, para tomar decisiones, para hacer negocios, para todo; como cuando visitamos la casa de algún amigo y no sabemos que es lo que percibimos, pero no estamos cómodos, algo nos dice que salgamos de ahí; lo mismo puede pasar en un centro comercial o en un cine y minutos después pasa algo en ese lugar, ahí es cuando entendemos que nuestra intuición nos estaba poniendo sobre aviso, yo en lo personal he pasado por varias experiencias en donde hasta he salvado mi vida, por hacerle caso a mi intuición.

Seguro han experimentado también, cuando saludamos a alguien con un apretón de mano o un beso en la mejilla o un abrazo y se nos pone la piel de gallina o cualquier tipo de manifestación física de algo que sentimos, porque en ese caso, nuestra percepción sensorial detecta algún tipo de energía que esta discordante con la propia, lo cual puede deberse a múltiples razones.

No siempre se trata de cosas negativas o "malas vibras", simplemente las energías que se encuentran están en frecuencias tan distantes que se produce una reacción física que nos "informa" que se ha detectado algo, pero por favor no se apresuren a juzgar a la otra persona ni a ustedes mismos, son cosas que pasan todo el tiempo y no se trata de alarmarse sino de aprender a interpretar esos mensajes intuitivos.

Quizá les ha pasado que al estar sentados en algún restaurante o negocio o hasta en la banca de un parque, están distraídos leyendo algo o hablando por teléfono, de pronto, en forma repentina, perciben un viento frio y ligero que nos pasa por la espalda y como reflejo volteamos, descubriendo que en realidad no hay corrientes de aire; todos son ejemplos de que nuestro sistema intuitivo y perceptivo esta siempre funcionando, solo que algunas personas son más conscientes de ello que otros.

Esto aplica también en los índigo, solo que, a un nivel más alto, respecto al resto de la gente, para aquellos que gustan de los números y estadísticas, lo pondré en grados inventados por mí en este momento. Digamos que, si una persona *normal* detecta la energía a partir de la sensación nivel 7 u 8, (en una escala del 1 al 10) un índigo la puede sentir en un nivel más leve quizá 4 o 5 y un índigo que ha desarrollado sus habilidades la puede sentir desde un nivel 2 o 3, lo cual nos hace pensar que llega a percibir vibraciones a niveles tres veces más ligeras que la gente *"normal"*.

Todo esto sucede con adultos, con personas que tenemos las actividades normales de una persona adulta, que transita por la calle o transporte público en medio de la gente, asiste a su trabajo o lugares donde convive con gente, se divierte en lugares públicos, tiene contacto con la naturaleza y tiene actividad sexual. Porque todas las actividades mantienen nuestra energía en movimiento constante y el intercambio de energía es constante aun sin interponer diálogo con las personas, tan solo con sentarnos enseguida de alguien en una banca, o ir enseguida de alguien en el transporte público o atender gente frente a un mostrador, todo esto nos hace intercambiar energía con los demás.

Ahora pensemos en los niños que generalmente salen de su casa siempre acompañados de los adultos que cuidan de ellos, ya sean sus padres, hermanos o nanas, siempre estos adultos están "protegiendo su energía" aunque no estén conscientes de ello, toda persona que se acerca a estos infantes se encuentra con el escudo protector del adulto que lo acompaña, cuando muchas veces es el menor quien percibe la energía de los demás, en una forma más natural y abstracta.

Sostengo mi teoría, de que todos los bebes poseen esta capacidad intuitiva, nacemos con esa percepción abierta, luego la mayoría de la gente la va perdiendo durante la infancia; observen en los primeros meses de vida, como es que los bebés ven a las personas que se les acercan o los cargan en brazos, la mayor parte del tiempo en esa cercanía, su mirada está puesta alrededor de la cabeza del adulto, yo creo que está viendo su aura, sus colores, su energía.

Todos los bebés tienen ese elevado nivel de percepción, de tal manera que reaccionan cuando se acerca alguien con una energía desagradable para ellos, a veces rechazan esa cercanía tratando de evitar el contacto o alejándose o llorando; mi recomendación es que estemos atentos de este tipo de reacciones, que lo tomemos en cuenta para nunca obligar a un niñ@ a dejarse cargar o besar por alguien que él o ella está rechazando, en todo caso hablarle de la relación que existe con esa persona y de los buenos modales, esperando que poco a poco se prepare para ceder y hacerlo voluntariamente.

Ahora que como adultos tenemos esta información, podemos ser más inteligentes para manejar este tipo de situaciones y quizá, hasta aprovechar esta sensibilidad por parte de nuestros bebés, para alertarnos sobre energías que nosotros no alcanzamos a percibir, ya sea en personas o en espacios o situaciones.

Esta sensibilidad para percibir se recupera en la mayoría de la gente a través de la experiencia en una larga vida, por lo que se vuelve común que los ancianos tengan esa sabiduría, para detectar la mala intención de personas, las mentiras, las situaciones de peligro, etc.

También podremos observar esta intuición desarrollada cuando nos especializamos en nuestra profesión, entonces se aplica para mejores resultados en el trabajo, cuando se hacen cosas "sin pensar" o siguiendo una corazonada, algunos de ustedes lo han visto o lo han experimentado, esos momentos en que un comerciante "sabe" cuando tiene enfrente un cliente potencial, un médico "sabe" cuando el paciente está fingiendo síntomas, una secretaria "adivina" la mente de su jefe, etc.

Cuando se llega a la tercera edad es difícil que se le pueda engañar porque se ha recuperado la capacidad intuitiva con que nació, más la sabiduría que da la experiencia, es por ello que los abuelos merecen ser escuchados y honrados.

Si todo esto sucede con la gente *"normal"*, un índigo supera estas capacidades, más aún cuando ha desarrollado sus habilidades, los alcances de su percepción serán mayores, así que podrá entrar en cualquier espacio y "leer" la energía que ahí se encuentra.

Por ejemplo, si entra en una alcoba, en la que nunca antes había estado y sin conocer a los dueños, podrá brindar todo tipo de información sobre la energía que esta "grabada" en ese espacio, algunas cosas a nivel personal de cada miembro de la pareja, pormenores de su relación, su comunicación, finanzas, lo que generan o lo que bloquean juntos, etc.

Estas "lecturas" de espacios y personas, forman parte de mi vida desde niña, son algunas de las cosas que yo pensaba que todos podían sentir o hacer, pero descubrí que no todos, por el contrario, al menos en mi entorno, yo era la única; fue en esa parte de mi infancia, cuando me hice consciente de que yo era diferente y lo asumí con tristeza y soledad, tal como lo comparto en el capítulo de mi historia personal.

Hoy en día, disfruto mucho seguir sorprendiendo a las personas cuando hago la lectura, de su propia energía o de algún espacio y me llena de satisfacción, cuando esa información que reciben puede hacer una diferencia para mejorar su vida.

Son muchas las maneras en que un índigo puede utilizar sus capacidades, a cualquier nivel en que éstas se encuentren, para sí mismo o para ayudar a sus semejantes, sobre todo si él mismo se ha reconocido y aceptado como tal, si ha logrado desbloquearse o nunca lo estuvo y ha reconectado con su esencia, asumiendo el compromiso de realizar la misión a la que vino.

Capítulo 3

Nacer despierto
- Se bloquea, se ausenta o se limita
- Cuando es reconocido,
aumenta sus capacidades

Hoy día se habla dondequiera del "despertar de la conciencia", es uno de los temas de moda entorno al 2012, la cultura maya, la era femenina, el florecimiento galáctico, etc., quienes llevan tiempo involucrados en estos temas de espiritualidad y energía han tenido bastantes actividades los últimos años, mucha gente busca información, ya que algunos sectores de la población corrieron la voz de forma fatalista diciendo que en el 2012 se acabaría el mundo de acuerdo al conocimiento de los mayas, otros hablaban de descargas de energía que nos cambiarían la mente, el metabolismo y cosas semejantes.

Algunos grupos religiosos aprovecharon para manipular a la gente con terror, hubo quienes sacaron bastante provecho económico, engañando a otros, fui testigo de ello, sin embargo, como ya vimos, no se acabó el mundo y todo sigue aparentemente igual.

Sí, es verdad que la energía universal está cambiando constantemente y justo estamos viviendo un cambio importante hacia la era femenina, es un cambio tan lento que quizá mis nietos (que no están todavía ni en camino) recibirán los efectos de todo esto que ahora apenas se está generando.

Lo bueno que yo observo en este movimiento, es que la población en general volteo a buscar información, si la recibió en forma acertada que bien, si la recibió en forma equivocada ya se dio cuenta de ello, pero, para mí lo importante es que ahora hay más personas interesándose en la energía universal (aunque sea para criticar o atacar o manipular), otros han sido provocados con toda esta ola de información, para buscar la manera de conocer su propia energía, ya sea practicando alguna técnica o participando en algún curso, taller o conferencia; cualquier pequeño avance es bueno para vivir en conciencia.

Para algunos, es como si todo nos empuja a vencer las barreras del miedo al conocimiento, a pasar los límites que nos marcan, a tener el coraje de pensar diferente y aventurarnos a encontrar otras formas de relacionarnos con Dios o con ese ser supremo, otras formas de hacer el bien, de sentirnos parte de un todo, a la vez respetándonos en lo individual.

Para otros, toda esta ola de información metafísica/energética/espiritual, les provoca miedo, entonces se aferran a lo conocido, a las estructuras familiares, religiosas o sociales, que les han ayudado a sentirse parte de algo, cómodos y "seguros", en muchos casos, con el derecho de juzgar o hasta descalificar el trabajo de quienes hemos decidido abandonar lo "seguro" pero limitante, que iniciamos el camino de la búsqueda, ayudando a otros a hacerlo también y nos esforzamos por hacer una diferencia con respeto, amor y conciencia.

Quienes escuchan en su interior este llamado a un cambio, siempre encuentran opciones, en una conversación, una conferencia, un curso, un taller, una película, en fin, los caminos se abren a sus pies para involucrarse de una u otra forma en el "despertar de la conciencia", que resulta un poco complicado definirlo en pocas palabras, pero me atrevo a explicarlo simplemente como ese llamado interior, esa vocecita dentro nuestro que nos hace muchas preguntas y no encontramos la respuesta o las que encontramos no nos satisfacen, ni en las costumbres familiares, ni en la religión, es algo que nos empuja a abrir puertas que estaban cerradas en nuestra mente y corazón, permitiéndonos experimentar cosas maravillosas de nosotros mismos y de toda la creación, esa búsqueda interior que nos grita desde niños que siempre hay formas diferentes de ver las cosas, que todas son respetables y que para crecer, ser buena persona y hacer buenas obras, no tienes que estar atado a un grupo, a un líder, A NADA.

Cuando este momento sucede de escuchar ese llamado interior, empezamos a vivir de una manera más responsable ante la vida, ante uno mismo y se expande cada parte de nosotros que forma el SER; nos vamos convirtiendo en personas más responsables de todo lo que sentimos, aprendiendo primero a identificar lo que sentimos, ponerle nombre a nuestros sentimientos con honestidad y responder ante nosotros mismos por eso que sentimos, dejar de culpar a los demás por lo que hemos vivido, nos vamos deshaciendo del traje de victimez y culpas, entendiendo que todo forma parte de un plan perfecto y somos los únicos responsables de cada cosa que ocurre en nuestra vida, desarrollando además el poder de transformar lo negativo en positivo de cada experiencia, con sabiduría y amor profundo.

También responsables de nuestras acciones y sus consecuencias, reflexionando en la decisión previa a cada acción y los motivos que provocaron tal decisión, muchas de estas cosas, la mayoría quizá en forma inconsciente o en "modo automático", pero salió de nosotros por lo tanto somos responsables, aunque muy pocas personas y muy pocas veces nos detenemos a pensar en ello y ponerlo en práctica.

Estos son solamente algunos ejemplos de lo que podemos lograr al estar claros que estamos aquí por alguna razón y sentimos la necesidad de descubrirla, entonces nos vamos haciendo conscientes, vamos despertando de ese letargo que nos hacía creer que vinimos solo a sobrevivir y al ritmo en que vamos siendo conscientes, somos más responsables y conforme vamos respondiendo ante la vida le estamos diciendo al universo "estoy listo", es ahí cuando descubrimos los propósitos de vida que acordamos antes de nacer y vamos poniendo "manos a la obra", que será nuestra humilde contribución a la "gran obra".

Pues bien, para lograr esa conexión con la conciencia universal podemos seguir, como dije antes, muchos posibles caminos desde los autodidactas al leer un libro o ver videos en internet, hasta los presenciales como tomar clases de yoga, meditación, tai-chi, etc., o quizá formar parte de algún grupo de autoconocimiento, superación, sanación, curación, etc., tenemos todo el derecho (y el poder de ejercerlo siendo adultos), de elegir el camino que mejor nos ayude a encontrar lo que buscamos, nuestro despertar.

Tratándose de los índigo, ellos "nacen despiertos" o sea que llegan a este mundo con plena conciencia de sus propósitos de vida, incluso desde el vientre materno su energía se manifiesta de forma más clara que los demás bebés, generan cambios en su entorno, siendo en la mayoría de los casos, embarazos diferentes, alumbramientos diferentes a lo común y seguirán mostrándose así, diferentes, durante su formación y quizá el resto de sus vidas.

Si bien es cierto que todos venimos dotados de diversos dones, cualidades y habilidades para realizar nuestros propósitos de vida, un índigo con la misión de ejercer lo que vino a hacer, desde antes de nacer, viene dotado de dones, cualidades y habilidades "extras" que de forma general inician con una sensibilidad superior para conectar con cualquier expresión de energía.

Todas las características de los índigo que más adelante detallaré, tienen que ver con lo anterior, si logran vivir su infancia y adolescencia con aceptación, amor y respeto por parte de sus padres y familia más cercana, serán adultos muy alejados de la victimez y la culpa, con una claridad de conciencia que no les permitirá manipular ni ser manipulados, buscando siempre la manera de hacer el bien, ejerciendo cualquier profesión con ética, eficiencia y un gran sentido humanitario.

Por ello dirijo un capitulo especialmente a los padres, compartiéndoles información que les ayude a formar hijos índigo abiertos, claros, seguros, amados, protegidos, respetuosos, brillantes, humanitarios, amorosos, comprometidos con el lugar y el momento en que eligieron llegar.

También dirijo un capitulo a los profesionales de la salud (médicos, enfermeros, sicólogos, terapeutas, etc.) y otro a los profesionales de la educación (maestros, orientadores, tutores, entrenadores, etc.) ya que tengo la certeza de que se han encontrado en su práctica profesional con algunos índigo y son niñ@s o jóvenes diferentes en muchos aspectos, siendo frecuentemente estos profesionistas quienes representan para los padres angustiados, la esperanza de que su hijo reciba la atención adecuada, espero que mi aportación les sea útil.

Se bloquean, ausentan o limitan

Si un niñ@ índigo no es aceptado, reconocido, protegido y apoyado durante los primeros años de vida y por el contrario es rechazado, limitado, exhibido, expuesto y quizá hasta menospreciado, ira poco a poco bloqueando sus dones y casi voluntariamente entrará en ese letargo en el que crecen la mayoría de las personas, con tal de "pertenecer" a su familia, tratando se pasar desapercibido entre la normalidad de quienes le rodean, para poder lograr así la aceptación, amor y reconocimiento que todos como niños necesitamos y buscamos.

Este bloqueo de sus dones nunca se logra totalmente, por más que se esfuerce en dejar de sentir las cosas, siempre seguirá percibiendo la energía de la gente, las presencias espirituales, acontecimientos por suceder o sucediendo en otra parte, etc. aunque sea en menor medida, por lo tanto, aprenderá a vivir en dos mundos: el suyo y el de los demás, hablaré más de esto en los siguientes capítulos.

Los índigo que no son reconocidos, son propensos a severas depresiones durante la pubertad y/o adolescencia, a problemas alimenticios y un mal manejo de su sexualidad, así como otros trastornos sicológicos de leves a graves, pues no está en paz consigo mismo ni con nadie. Si de por sí, la adolescencia es en forma natural una etapa de la vida que se distingue por la rebeldía en el carácter, la poca comunicación, baja autoestima, etc., todo esto se complica más tratándose de los índigo.

En algún momento de mi vida hace como diez años, empecé a atender a niños y jóvenes con autismo, ayudando a sus padres a conectar espiritualmente con ellos, ya que algunos de estos jóvenes jamás han dicho una palabra, sus padres a través del amor han encontrado la forma de "comunicarse" con ellos o adivinar sus necesidades y hasta sentimientos, así que trabajando con los padres en ejercicios de meditación y varias técnicas que estimulan el sexto chakra, ellos logran abrir más su intuición para conectar con sus hijos en espíritu, lo cual marca una gran diferencia en su relación y se manifiesta en el aumento gradual de las capacidades del joven.

Esta parte de mi servicio me ha brindado la oportunidad de descubrir en algunos casos que se trataba de índigos "ausentes", he intentado entender cómo funciona esto pero lo único que he descubierto hasta hoy, es que nacieron índigo, nacieron despiertos y por alguna razón, en sus primeros años de vida, "abortaron la misión" (como se dice en el ambiente militar), ausentándose del mundo al que eligieron llegar; todavía no logro descubrir el patrón o las circunstancias que hacen que un índigo o no índigo, se pierda en el autismo, estoy trabajando en ello.

Lo que si he constatado es que algunos de estos niños o jóvenes con autismo, están en conexión con el mundo espiritual, se comunican con sus ángeles o guías, incluso con familiares fallecidos o sea que están ausentes de este mundo, pero en contacto con todo tipo de energías, los he visto "leer" a las personas y los espacios, ellos reaccionan a todas esas vibraciones.

Mencionaré como ejemplo a Eleazar, un joven en Texas que conocí a sus 13 años, sus padres participaron en uno de mis talleres y me pidieron que los ayudara con su hijo, a quien habían diagnosticado autismo desde los 3 años, quien había logrado mantener su condición en un bajo nivel, permitiéndole asistir a escuela normal, como resultado de mucho trabajo terapéutico en el que estuvo involucrada sobre todo la madre.

Eleazar logró excelentes resultados con todo el trabajo invertido, cuando lo conocí aun manifestaba conductas que forman parte del autismo, el movimiento repentino e incesante en sus manos, el vaivén en su cabeza, muy poco contacto físico, el tipo de comunicación que puede ser grotesco, la torpe expresión de sentimientos y/o emociones y un desempeño regular en sus estudios. También sus intermitentes "ausencias" que en ocasiones incluían hablar solo, haciendo caso omiso si se le preguntaba algo o dejaba de hacer lo que estaba haciendo para irse a su mundo interior, algo típico en él era su obsesión/compulsión por los videojuegos, si no le retiraban del televisor podía estar ahí todo el día, olvidándose incluso de comer o ir al baño, sobre todo los videos de carreras de autos o semejantes.

Desde mi primera entrevista con él, fue muy fácil y rápido nuestro encuentro espiritual, identificándonos como índigo uno al otro; lo que más me impresionó fue encontrarme en su interior con tantas fórmulas de matemáticas, cálculo o física que superaban mi entendimiento, encontré mucha información que de inmediato compartí con sus padres, ellos estaban ahí presentes así que, al terminar mi sesión con su hijo, hablé con ellos en privado. Les dije detalle por detalle todo lo que había visto, de sus sueños, sus temores, de las cosas que estaban afectando su desarrollo, de la relación con cada uno de ellos, etc., entre otras cosas, que sería un ingeniero en mecánica o algo semejante, que trabajaría en algo que tuviera que ver con la fabricación de autos y en ese momento fue cuando me contaron de su fascinación por el tema de los autos.

A partir de esa primera entrevista y las que siguieron, la madre inicio un proceso de crecimiento personal y espiritual que hasta la fecha sigue en ascenso, logrando una conexión con su hijo más allá de la sobreprotección, sus lazos afectivos se fortalecieron sin chantajes, sin manipulación, de manera transparente. Ahora es un joven adulto estudiando ingeniería en la universidad que dio pasos gigantescos durante la preparatoria estrechando su relación con toda la familia, siendo más sociable, teniendo amigos y saliendo con chicas, a tal grado que en alguna ocasión cerca de graduarse necesito pedir una excepción en algo a los maestros argumentando su autismo y estos pidieron una reunión con los padres y el expediente médico ya que no podían creer que tuviera autismo.

Al sentirse aceptado, reconocido, comprendido, amado incondicionalmente, desarrolló la capacidad de autoprotegerse de esas vibraciones que "alteraban su sistema" y logró aprender a manejar todas esas conductas que hacían evidente su autismo, reservándose esa libre expresión de su condición para espacios privados como su casa.

Abundando en el ejemplo, él aprendió que ese movimiento incesante en sus manos en forma de "aleteo" era para sacudir de sus manos la sensación de ansiedad, así que ahora carga con él una piedra pirita y al manipularla la ansiedad se hace controlable o tocando un árbol o caminando descalzo en el pasto. Esto no lo aprendió de mí, lo recibió de su madre con quien yo estuve trabajando previamente. Quise referirme a este ejemplo para mostrar la importancia de que los padres se involucren, abran su mente, tengan fe y estén dispuestos a realizar mucho trabajo personal con sus propios monstruos internos, beneficiando a sus hijos.

En el caso de Eleazar como en el de la gran mayoría de los autistas (sobre todo en Estados Unidos) que reciben todo tipo de atención, ésta se concentra en lo físico a través de diferentes especialidades médicas o en lo emocional a través de sicólogos, así que ahora les recomiendo a los padres pongan atención al lado espiritual, creo que es otra opción que pueden explorar y al menos en mi experiencia, no hay perjuicios solo beneficios pues lo mínimo que obtendrán será fortalecer su fe (con absoluto respeto de sus creencias o religión).

Todos los índigo aprenden durante su infancia a "protegerse" evadiendo las energías discordantes a la armonía propia, es un aprendizaje lento y constante que se realiza a través de las diferentes experiencias que les provocan molestias, de bebés no pueden evitarlo por eso lloran tanto, pero al ir creciendo van aprendiendo a "repeler" esas energías, sin embargo, los índigo que viven en esta condición (autismo) no tienen la capacidad de bloquear o disminuir su sensibilidad, ellos al encontrarse en esa "ausencia intermitente" no desarrollaron esa habilidad, permaneciendo siempre "abiertos", sintiéndolo todo. Creo que, si todos los índigos estuvieran así, "siempre abiertos" como a carne viva, también reaccionarían igual que los autistas, rechazando el contacto físico, gritando de dolor o ansiedad al sentir vibraciones bajas, etc.

Hay varios niveles de autismo, en diversos casos combinado con epilepsia, retraso mental, etc. he tenido oportunidad de trabajar eventualmente con algunos de ellos y sus padres, a veces hemos descubierto con claridad el momento en que el hijo "se ausentó" y tenemos oportunidad de sanar esas experiencias y hacer nuestro mejor esfuerzo por reprogramar la energía discordante que en ese momento se guardó en el pequeño, con resultados muy alentadores en la comunicación, actitud y desarrollo del hijo.

Este tema en particular, he decidido mencionarlo, pero con mucha cautela, ya que no he desarrollado ninguna técnica hasta hoy, solo mi don de ver la energía, mis conocimientos, mi voluntad, mi intuición y mi amor incondicional, pero mi capacidad de atención es bastante limitada hoy mismo.

Estoy trabajando en la forma de aumentar la atención a personas, de diseñar la técnica o método que mis compañeras del Circulo SHI puedan aplicar en estos casos, para multiplicar nuestras posibilidades de ayudar a estos niños y jóvenes con autismo, para que regresen de su estado ausente y puedan manifestar su grandeza aquí y ahora, eso sí, siempre con la ayuda y el trabajo personal de sus padres o al menos uno de ellos.

Algo semejante he podido experimentar, en mucho menor porcentaje, con algunos otros índigo que se han limitado en su mundo, a través de parálisis cerebral, meningitis y otras condiciones especiales, espero contar con el apoyo técnico, financiero y logístico necesario para brindar mayor apoyo, por ahora quiero compartirles que estamos trabajando en esto, quiero dejarles un mensaje de esperanza y fe a todos los padres de niños con alguna condición especial, diciéndoles que ayudarán bastante a sus hijos si como padres no se dan por vencidos, que busquen siempre alternativas, que se dejen guiar por el amor incondicional que sienten por sus hijos, partiendo de un proceso profundo de aceptación que a veces inicia con serias confrontaciones personales y que inviertan en su crecimiento personal para que sean raíces más fuertes y transparentes, así sus hijos se alimentarán de energía cada vez más sana.

Cuando es reconocido, aumenta sus habilidades

¿A qué me refiero con que sea reconocido? Algo tan simple como el que sus padres al notar que su hijo es diferente, busquen información y se esfuercen por entender que le pasa a su hijo:

- En lugar de enojarse porque no los deja dormir, castigarlo y regresarlo a su cama, le acompañen y traten de entender la razón por la cual despierta asustado y busquen ayuda, pregunten, sean creativos y traten mil formas de que se sienta tranquilo o apliquen algún tratamiento natural para que regrese a dormir.

- En lugar de estresarse porque es demasiado selectivo en lo que come, obligándolo a comer "como todos" en cuanto a la variedad, los horarios y cantidades, mejor busquen opciones atractivas para despertar su apetito, sean creativos e inteligentes para encontrar su ritmo o sistema de alimentación y respetarlo.

- En lugar de avergonzarse cuando hace algún comentario sobre algún miembro de su familia y exhibirlo obligándolo a que se retracte y se disculpe, mejor se le enseñe que tipo de comentarios deberá hacer solamente en privado con sus padres, pero dejándole saber que con sus padres siempre podrá decir cualquier cosa por rara que sea y no será juzgado.

- En lugar de aliarse con el maestro que lo castiga por hablar tanto en clase, hable primero con su hijo empatizando con él sobre cómo se siente en clase o con respecto al trato que recibe del maestro, escuche y analice las razones que su hijo tiene para comportarse de tal o cual manera y después hable con el maestro para encontrar juntos alguna solución no represiva, pero hágale sentir a su hijo que está aliado con él, no con el maestro; hágale saber que le importa más él (su hijo) que quedar bien con el maestro o que le importa más que él disfrute ir a la escuela y no el que vean que usted es un padre exigente y rígido o algo semejante.

Cuando los padres buscan la forma de entender a su hijo en lugar de obligarlo a adaptarse a un modelo preestablecido, cuando le hacen sentir que es él quien les importa, cuando no se dejan llevar a ciegas "por las quejas" de otras personas aprobando los castigos que imponen a sus hijos o agregando otros en casa, cuando se convierten en aliados de sus hijos y no forman parte del mundo que los reprime, juzga y/o ataca, entonces lo están reconociendo y le están demostrando su amor incondicional, así ese hijo se sentirá amado, reconocido y protegido por sus padres, los tres elementos necesarios para que sus dones se sigan desarrollando en forma armónica y podrá así, desde los primeros años de vida, hacer lo que vino a hacer: ayudar a elevar la vibración del planeta.

Espero que los padres usen aquí su criterio y buen juicio, ya que como podrán ver en el capítulo dirigido especialmente a ustedes, tampoco se trata de sobreprotegerlos alejándolos de la disciplina y responsabilidad, solo por ser índigo, la idea es que, como padres, se conviertan en verdaderos guías terrenales de sus hijos para que desarrollen todo su potencial.

Capítulo 4

Cualidades de los índigo.

L@s niñ@s índigo comenzaron a detectarse en los años sesenta, por medio de médicos, sicólogos, líderes religiosos, trabajadores sociales, curanderos, etc. ya que sus padres acudían buscando ayuda porque sus hij@s se comportaban de forma diferente a sus hermanos, familiares o amistades.

Sin embargo, fue hasta los ochentas cuando apareció información (en inglés) que mencionaba por primera vez en occidente el término "niños índigo" haciéndose públicos algunos casos, apareciendo también en Alemania el invento de una cámara que puede retratar el campo electromagnético o aura. En español encontramos información sobre este tema hasta años posteriores, en su mayoría traducciones de libros en inglés.

Ahora, podemos encontrar infinidad de información en internet, libros, revistas, entrevistas en televisión, etc., algunas personas desean solamente saber las características o cualidades o tipos de índigos, muchas veces me han pedido que haga una lista de ello y poder "palomear" para saber si su hij@ es o no, incluso algunos terapeutas también me han pedido que les ayude tan solo a saber si un paciente es o no índigo, como si el objetivo principal fuera diagnosticarlos, lo cual desde mi punto de vista no es lo más importante, ese sería solo el comienzo.

Por supuesto que existen características, cualidades, tipos y hasta clasificaciones quizá, pero no hay algo que sea determinante o excluyente pues existen muchos índigo que se han bloqueado desde edad muy temprana, por lo tanto, no entrarán en este "palomeo" y no por ello dejan de ser índigo. También existen otro tipo de condiciones, trastornos o desordenes sicológicos que pueden padecer los niños y no reciben la atención adecuada, ya que alguien no profesional, lo diagnosticó como índigo con tan solo ver que encuadraba en una lista de características, así que por favor estimados lectores, usen su criterio y buen juicio considerando las características que más adelante menciono, tan solo como una guía que jamás sustituirá la opinión o la evaluación completa de un profesional.

Desde mi punto de vista, lo importante es, que reciban lo necesario (aceptación, reconocimiento y protección) para que desarrollen su potencial y puedan así, cumplir cabalmente con la misión que los trajo aquí y para lo cual llegaron equipados con ciertas habilidades, por favor recuerden esto, ya que la llegada de los índigo a nuestro mundo no es para elevar el ego de sus padres, tampoco para fastidiar la vida de nadie, **estamos aquí para ayudar a la humanidad.**

Por otra parte, etiquetar a un niño o clasificarlo puede ser limitarlo, ya que cada índigo trae su propia misión y viene dotado de cualidades especiales para realizarla, eligiendo antes de nacer desde un plano espiritual, a los padres que le ayudarían en su formación y todas las circunstancias que en su vida le darán la oportunidad de "pulirse" para que, llegado el momento, haga lo que vino a hacer.

Aquí es donde entran también los diferentes tipos de "dones" con lo cual se ha clasificado por otras personas a los niños índigo, cristal, diamante y últimamente empiezan a sonar los arco iris, yo tengo por observados otros tipos que no he escuchado a nadie más mencionar y más adelante daré una descripción de ello.

El objetivo de este libro es que los padres de familia, profesionales de la salud y/o de la educación y la comunidad en general identifiquen a los índigo si fuera posible, desde que nacen, para que les ayuden a formarse primero como seres humanos sanos y seguros, que puedan desarrollar sus habilidades especiales que los llevarán a cumplir su misión de vida, empezando por aceptarlos, reconocerlos, protegerlos y apoyarlos.

Esa es la razón por la cual comparto a continuación una serie de cualidades con las que se podrá identificar a los índigo y quizá clasificarlos someramente en cualquiera de los tipos que más adelante describiré.

CUALIDADES

Sentidos - Los índigo poseen una mayor sensibilidad en su vista pueden ver la energía de todos los seres vivos, escuchar sonidos imperceptibles para los demás, incluso su propio latido cardíaco, sus sentidos del olfato y gusto son sumamente agudos, su piel es una capa receptora de ondas vibratorias, incluso sus manos pueden "leer" sin necesidad de "ver".

Alimentación – Desde las primeras horas de vida, es probable que rechace el alimento, por lo general se trata de la leche materna, luego una fórmula, después otra y así se sigue, he visto bebés rechazar una leche tras otra hasta 4 o 5 diferentes y finalmente entre los 4 y 6 meses, tolera alguna. De manera natural rechazan la carne sobre todo de res o puerco y quizá toleren pollo o pescado. Muy probable sean vegetarianos.

Reflujo – Siendo bebés manifiestan un constante reflujo, más que otros bebés y se seguirá presentando aun con el alimento sólido, serán poco tolerantes a alimentos irritantes y llegando a la edad adulta, definitivamente tendrán que evitarlos por completo.

Telepatía - Su intuición es mucho más desarrollada, lo cual les permite comunicarse a través telepatía desde pequeños, cualidad que la mayoría de las veces se pierde durante la infancia, pero la pueden recuperar siendo adultos en forma consciente.

Auto-estima – Si un índigo recibe la aceptación y apoyo que necesita para desarrollarse por parte de sus padres y familia más cercana, será muy seguro de sí mismo, incluso con una tendencia a la soberbia, si no se impone disciplina y se le enseñan valores como humildad, solidaridad, generosidad, etc.

Clarividencia - Tienen casi siempre la posibilidad de predecir el futuro, puede asustar a sus padres o familiares ya que no estamos acostumbrados ni esperamos que un pequeño de 2 o 3 años nos diga cosas como "mi abuela se va a morir", lo dicen con la inocencia que cualquier niño de esa edad puede decir "de grande quiero ser bombero", a esa edad no tiene el mismo concepto de la muerte que los adultos a su alrededor, esa predicción tampoco tiene nada que ver con que la abuela le caiga mal o lo que haya compartido con ella un día antes, él simplemente dice lo que ve, no tiene la capacidad para discernir todavía.

Espíritu - Pueden reconocer la presencia de seres etéreos como hadas, duendes o personas fallecidas, es frecuente que ellos convivan con otros niños de la familia que murieron años antes, para estos pequeños son simplemente seres de luz a quienes han visto desde que nacieron, no son fantasmas ni espíritus que vienen a hacerle daño, ellos no alcanzan a comprender la connotación de miedo que los adultos ponen en su reacción, cuando el niño dice con toda naturalidad, "estaba jugando con mi hermano mayor", cuando los adultos saben que está muerto o quizá nunca nació.

Inteligencia - Tienen una inteligencia superior, la mayoría serán calificados como "genios" o "superdotados", aprenden muy rápido cualquier cosa que se les enseñe y tienen una capacidad extraordinaria para descifrar códigos, patrones o sistemas. Hay muchos casos documentados de índigos que se han graduado de medicina, química, leyes y otras carreras siendo adolescentes, claro, cuando tuvieron desde sus primeros años todo el apoyo necesario para llegar hasta ahí, avanzando a su ritmo que es mucho más rápido.

Sanación energética - Son sanadores por naturaleza, pueden drenar, equilibrar y elevar la energía de todo lo que esté cerca suyo, su frecuencia vibratoria les permite sanar utilizando solamente su energía, de hecho, el índigo es una persona muy sana físicamente, es raro que se enferme o se contagie, cuando esto llega a suceder, se recupera muy pronto; su sistema inmunológico esta reforzado, es más poderoso. En ocasiones estos niñ@s se empeñan en estar "encima" de algún familiar y rechaza todo contacto con alguien más, los padres aprenderán a interpretar el manejo que sus hij@s índigo tienen del contacto físico, muchas veces el querer estar tocando a alguien es porque están trabajando con su energía. Cuando rechazan acercarse a alguien se debe a que esa persona está pasando por un proceso en su vida (ni bueno ni malo) en el que debe trabajar solo, superar algo, entender algo y tan solo con acercarse a él, el niñ@ ya le estaría ayudando y él sabe que no debe hacerlo, que hay procesos que cada quien debe superar solo, porque ayudarlo es retrasarlo en su crecimiento. Quizá su mente de niñ@ no alcanza a razonarlo, pero intuitivamente lo sabe.

Menciono aquí el ejemplo de Samuel, un pequeño de 2 años que llevaron con una amiga mía, sicóloga infantil porque tenía la "mala costumbre" de querer tocar entre las piernas de su abuela, apenas la tenía cerca y metía su mano hacia la zona genital de la señora y tenían prácticamente que "arrancarlo" de ahí con el típico sermón de "son partes privadas que no debes de tocar" y después se fue convirtiendo en "si lo vuelves a hacer te voy a castigar" incluso llegaron a pegarle en su mano para que dejara de hacerlo.

Mi amiga me pidió que lo observara (con la autorización de los padres) durante la siguiente sesión que tuviera con él y de inmediato pude ver que se trataba de un niño cristal, mientras mi amiga hacía con él los ejercicios con títeres y otras cosas para abordar el tema de la sexualidad, yo hablé con los padres en la antesala haciéndoles algunas preguntas sobre el embarazo, el sueño, etc.; me dijeron que la abuela vivía con ellos y era quien les ayudaba a cuidar al niño ya que necesitaban "turnarse" una noche cada quien, para poder aguantar y estar pendientes porque Samuel dormía muy poco.

Cuando mi amiga terminó su sesión, les dije lo que yo pensaba: que la abuela tenía alguna enfermedad que el pequeño estaba "curando", les sugerí dos cosas, primero que la señora se hiciera revisar por un ginecólogo y la segunda que permitieran al niño seguirla curando, pero mostrándole la forma de hacerlo tipo técnica de reiki. Dos semanas después me enteré que efectivamente, tenía cáncer de matriz y cuando Samuel aprendió la forma correcta de aplicar su energía, jamás volvió a hacer tocamientos inapropiados.

Conversación - Muestran particular interés por algunos temas y total desinterés en otros, hacen preguntas constantes sobre los temas que les interesan, poniendo a prueba el conocimiento de propios y ajenos, puede verse increíble como un niño de 5 o 6 años hace preguntas de ingeniería o medicina como si tuviera mínimo el doble de edad y fuera algo que ya está aprendiendo en la escuela con la curiosidad de profundizar en ello.

Arte - Manifiestan una creatividad innata, pueden utilizar cualquier cosa para "construir algo", inventan diálogos con personajes que pueden ser bastantes largos y si el ambiente familiar les favorece, muestran una destreza impresionante en algún tipo de arte.

Ambidiestros - Reflejan tendencia a ser ambidiestros desde pequeños, solo que algunos terminaron por "copiar" a los adultos cercanos, definiendo el uso preferente de una mano para escribir o algunas otras tareas cotidianas, pero llegan a adultos con destrezas en ambas manos.

Dislexia - Relacionado con lo anterior, también se les relaciona con problemas de dislexia desde leve hasta grave, aunque tienden a superarlo sin necesidad de tratamiento profesional, solo con la guía y paciencia de padres o maestros.

Ortografía - No forma parte de sus prioridades la ortografía ni caligrafía, aunque conozcan la forma correcta de escribir una palabra, pueden aprobar los exámenes escolares, sin embargo, cuando están escribiendo no ponen cuidado en la forma, más aun si están en un momento creativo o de inspiración sobre los temas que les interesan y quieren plasmar una idea, en lo que menos piensan es en la forma.

Mirada - Sus ojos tienen un reflejo o brillo diferente, una mirada que cautiva con diferentes matices, por alguna razón la mirada de un índigo llamará siempre la atención y en las nuevas generaciones se va haciendo común los ojos grandes aun cuando no sea genético.

Complexión - Igualmente, aunque en sus genes tengan la herencia de obesidad, ellos permanecerán delgados por lo menos hasta la adolescencia, en algunos casos con una fuerte tendencia a practicar deportes o hábitos sanos, aunque no formen parte del entorno familiar.

Frente - Sobre todo en la infancia, presentan un ligero abultamiento en el lóbulo frontal (frente), la zona donde se encuentra el sexto chakra, conocido como el tercer ojo; cuando están concentrados en algo inconscientemente ponen una mano en su frente.

Piel - Su piel es muy sensible, suelen padecer urticaria, sus manos se pelan fácilmente, es común que sean alérgicos a ciertas telas, no soportan las etiquetas en las blusas o playeras y cualquier simple piquete de mosquito hace una gran reacción en su piel.

Migrañas - Cerca de la pubertad suelen empezar a padecer migrañas (dolores de cabeza intensos) con cierta frecuencia y en variada intensidad de leves a graves, existen tratamientos caseros muy efectivos que se pueden aplicar para disminuir la molestia, antes de llegar a la medicación. Ayuda bastante si desde la infancia practica de a poco, algunos ejercicios de meditación y así cuando llega a la adolescencia, ya forma parte de su rutina, con eso evitara en gran medida la aparición de las molestas migrañas.

Verborrea - En algunos espacios o circunstancias específicos, descargan su energía a través de las palabras, mostrando una capacidad muy grande por hablar y hablar sin parar, incluso aunque los interrumpan en repetidas veces, seguirá hablando, a veces teniendo problemas para modular el volumen y ritmo de su voz, en algunos casos todavía se complica más, llegando a la tartamudez.

Insomnio - Desde que nacen y durante toda su vida, son personas que siempre tienen energía, la pueden canalizar de muchas maneras, pero parecen una fuente inagotable de energía, por lo que es común que los índigo duerman pocas horas.

Su gran luz - Con algunas mujeres he podido identificar a un hijo índigo o cristal o arcoíris desde que está en el vientre, en ocasiones no le tengo que decir a la madre "tendrás un hijo índigo y será diferente a todos, no te dejara dormir, etc.", mi comentario sería algo como "este bebé trae una gran misión, su luz se puede ver desde ahora, es probable que sea un gran reto para ti como madre (o para ustedes como padres, si están los dos presentes) pero no te preocupes, si este bebé te ha elegido es porque él sabe que tú eres exactamente lo que necesita para su experiencia humana"; que importa si esa mujer sabe o no que su hijo es índigo? Lo importante es que se sienta segura, que lo ame, lo proteja y sienta a su hijo como lo que es, un regalo divino.

Las características que mencioné anteriormente se manifiestan en diferente orden, pero con seguridad algunas de ellas serán evidentes desde que nacen, será ese momento una gran oportunidad para que los padres actúen con toda la información que aquí les comparto, así que por favor transmitan el conocimiento, platiquen con sus amigos sobre lo que aquí están leyendo, les puedo asegurar que encontraran muchas personas que se identificarán con esta información.

Sobre todo, si al momento de leerme hay en su familia o amistades, alguna pareja embarazada, por favor compartan esta información, ya que cada día están llegando más y más bebés con habilidades especiales y mi mayor deseo es que haya padres y madres preparados para recibirlos y ayudarlos.

Ahora para beneficio de los pequeños índigo y los adultos de su entorno, les advierto que hay algunos lugares que por lo general conservan energías que no son agradables para los bebés o niños índigo y no pueden evitar dar molestias mientras permanecen ahí, por ejemplo:

1) los consultorios médicos (desde la banqueta, elevadores, pasillos, sala de espera, etc.),
2) las iglesias (sobre todo las construcciones viejas),

3) las oficinas públicas (sobre todo de asistencia social o donde se realizan pagos),
4) los restaurantes (sobre todo los formales donde la gente habla de negocios),
5) los estudios de fotografía (donde se les pide que finjan dar una imagen)
6) edificios antiguos como museos (guardan energías muy viejas)

Por ello es importante que los adultos que forman parte de su entorno, cuenten con información para ayudarles a manejar su sensibilidad e intuición en forma más segura y positiva. Por lo menos, hablar con el índigo, aunque sea un bebé de semanas de nacido, explicarle a donde van a ir y por cuanto tiempo, asegurándole que estará protegido ante cualquier cosa que perciba.

En estos lugares que mencioné procuren estar muy cerca del índigo bebé o infante, sobre todo la primera vez que visita ese lugar, hasta donde les vaya indicando que se siente segur@, si fuera necesario salgan a tomar el aire unos minutos y después vuelven a entrar, permitan que poco a poco se adapte a las sensaciones que ese lugar le provoca.

Si los adultos no pueden percibir lo que el pequeño índigo percibe, no lo juzguen como inquieto o malcriado, si no tienen idea lo que está viendo o sintiendo en ese lugar, por favor traten de empatizar con él o ella y buscar soluciones amorosas y protectoras.

Quiero compartirles como un ejemplo el caso de Mónica, una pequeña del sur de mi país a quien atendí cuando ella tenía 9 meses de nacida, tuve el primer contacto por teléfono con María, su madre quien se encontraba angustiada ya que desde recién nacida su hijita había mostrado una serie de malestares que estaban poniendo en riesgo su salud, días antes el pediatra le había hablado de la posible necesidad de intervenir quirúrgicamente el estómago de su hijita ya que no lograban mantener una alimentación adecuada; en esa primera conversación de varias horas por teléfono le compartí a María parte de la información que contiene este libro, logrando que se sintiera más tranquila, clara, segura y con fe en que su hijita estaría bien conforme ella y su esposo Jaime trabajaran con ellos mismos y con la niña desde otra perspectiva.

En las siguientes semanas tenía programado un viaje para aquella ciudad así que conocí personalmente a la pequeña quien se encontraba un poco retrasada en algunos aspectos de su desarrollo. Físicamente a los 11 meses todavía no caminaba, sus piernas eran débiles, tenía ojeras y otros signos que evidenciaban un desarrollo físico deficiente; en su carácter era agresiva, intolerante con las personas incluso de la misma familia, casi todo el tiempo estaba llorando o gritando, en todos esos meses nunca había dormido más de tres horas seguidas ni de día ni de noche.

En esa primera visita a su domicilio María me mostró un cajón lleno de medicinas que suministraba a la niña como parte de los tratamientos indicados por su pediatra y se desahogó contándome las repercusiones que tenía la conducta y mala salud de la pequeña, en su vida familiar, social y personal. Tanto ella como su esposo Jaime tuvieron siempre una actitud abierta hacia mí, permitiéndome guiarlos en una serie de pasos que fueron siguiendo con su hija, los resultados fueron evidentes en un corto tiempo, así que no fue necesaria la cirugía pues fue tolerando más el alimento y para sorpresa del mismo pediatra, gradualmente le fueron retirados los medicamentos.

En cuestión de pocos meses su desarrollo fue pleno en todas las áreas, su salud de estabilizó al 100%, logró dormir casi normalmente, ya que con frecuencia despierta alrededor de las 3 am, sin llorar, tranquila y se vuelve a dormir; se fue convirtiendo en una niña saludable, risueña, graciosa, segura, amable, coqueta que actualmente va a la escuela, vive en una atmósfera de armonía y seguridad para ella y está desarrollando su potencial de niña arco iris de manera increíble, es guiada por unos padres amorosos y espirituales que en todo momento han seguido sus creencias y su fe.

Capítulo 5

Tratamiento alópata o alternativo

He podido atender a docenas de niños índigo que han sido medicados desde muy temprana edad, incluso desde bebés y sufrieron efectos secundarios; en muchos de estos casos, podían haber recuperado su salud con medicina alternativa, incluso a veces, con "los remedios de la abuela".

Mi percepción de esto ha sido (sobre todo en las ciudades grandes), que son muy pocos los padres que, en medio de este mundo tecnológico, globalizado, acelerado, buscan curaciones naturales o alternativas, antes de llegar a la medicación, ya que un tratamiento alópata ofrece varias ventajas o comodidades: es una solución inmediata, generalmente sencilla y práctica; la cubre el seguro médico; reúne todos los requisitos legales, de calidad y salud para estar en el mercado; y la persona que la receta tiene un título universitario que lo avala como capacitado para saber lo que le está dando a ese niñ@.

Aclaro algo importante antes de seguir con este tema, NO estoy en contra de medicar a los niños, NO considero que la medicina sea mala, o cosa semejante, de hecho, admiro y respeto el trabajo de los profesionales de la salud y tengo en casa orgullosamente dos médicos.

Solo creo, basada en mi experiencia, que, en el caso de los niños índigo, el motivo de su dificultad para alimentarse, para dormir, para el contacto humano, o su exagerada y espontánea reacción a ciertas cosas, se origina por su hipersensibilidad, como característica propia de los índigo y no a un problema digamos biológico de su organismo y hay una gran variedad de técnicas alternativas que lo pueden ayudar, pudiendo dejar la medicación para padecimientos graves.

Todos estos síntomas de los que venimos hablando en los capítulos anteriores, se presentan como una manifestación física de su vibración superior y he experimentado que se pueden curar de manera muy sencilla y natural; independientemente de ello, siempre recomiendo a los padres que lleven a sus hijos a todas las revisiones médicas necesarias, exámenes, estudios, pruebas, etc. y sigan las indicaciones de su médico, que nunca se limiten a tratamientos naturales, sobre todo cuando las molestias persisten.

La medicina alternativa se llama así, precisamente porque es otra "alternativa", se puede "alternar" con la pastilla, el jarabe, la inyección, etc., siempre bajo la supervisión de un médico; en mi experiencia, la medicina alternativa es sumamente noble y ligera para que el cuerpo la asimile y aproveche, sobre todo tratándose de niños.

También se le conoce como "medicina complementaria" ya que ayuda al paciente a obtener una curación más rápida y armónica al aplicarse en complemento con el tratamiento alópata.

Por favor, padres de familia, les pido que cuando lleven a sus niñ@s al médico por cualquier motivo, siempre le informen en caso de estarle aplicando o piensan aplicarle, algún tipo de tratamiento alternativo para que el médico les indique si hubiere algún inconveniente en continuarlo o se contrapone a su prescripción y solamente por instrucciones de su médico o con su aprobación, podrán interrumpir un tratamiento alópata, aun cuando vean una obvia mejoría en la salud de su hijo.

Han surgido diversas técnicas alternativas para dar tratamiento a los pequeños índigo, incluso cuando han dejado de ser niños, muchas de estas técnicas han sido creadas precisamente por índigos convertidos en adultos, ante su propia necesidad de aliviar ciertos malestares.

La medicina tradicional sigue tratando sus síntomas de la misma manera, si no pueden dormir, algo para que duerma, si es inquieto, algo para que se calme, si es retraído, algo para activarlo, etc., consiguen su objetivo a través de afectar la química del cuerpo, es cierto, duermen mejor, se observan más tranquilos, etc. pero se les ve diferente porque van perdiendo su esencia, su personalidad se va modificando poco a poco, lentamente disminuye su espontaneidad y el brillo en su mirada.

Mientras que la medicina natural fortalece la propia química del cuerpo y los propios recursos físicos, emocionales, energéticos, para que el organismo recupere la salud por sí mismo, es cierto, su efecto es más lento, pero la curación se obtiene conservando la esencia, de forma natural y una vez que se logra un equilibrio energético, se va liberando de la necesidad de esa terapia alternativa, porque ya consiguió su propio balance natural.

Lentamente, el uso de la medicina alternativa va en aumento, aunque no ofrece las mismas ventajas de la medicina alópata:

- el tratamiento con reiki (canalización de energía sanadora a través de las manos) empieza a ser aceptado y aplicado en algunos hospitales o casas de cuidado.

- el tratamiento con herbolaria está dejando de ser un negocio con producción doméstica para empezar a industrializarse cada día más y se está incluyendo como opción a nivel licenciatura o especialidad en algunas universidades (en México).

- en su mayoría, quienes ofrecen sus servicios como parte de la medicina alternativa, son personas que nacieron con un don o han recibido el conocimiento a través de generaciones en su familia, pero difícilmente contaran con un diploma universitario que los avale (excepto reiki y herbolaria).

Quizá algún día se podrá estandarizar o medir o calificar o controlar un tratamiento con herramientas naturales como los cuarzos y las piedras, quizá algún día se podrá hacer esto también con una lectura de aura, sanación energética, tés de todo tipo de hierbas, etc. pero hasta donde estoy enterada, esto no sucede todavía. Por lo tanto, nada de esto lo cubren los seguros médicos.

Hasta hoy, quienes acuden a buscar un tratamiento alternativo, lo hacen confiando en su intuición o en la recomendación de otras personas que ya conocen al terapeuta, habiendo obtenido buenos resultados y llegan confiando su salud y bienestar en la buena fe, ética y honestidad de quienes lo ofrecemos.

Por todo lo anterior, creo yo, es raro que los padres busquen algo alternativo para sus hijos, así que, son los mismos índigo convertidos en adultos y bajo su propia responsabilidad, quienes se acercan a opciones naturales, legendarias o energéticas para encontrar alivio en algunos padecimientos que persistieron a pesar de los tratamientos con medicina alópata, encontrando formas de autosanación o curación natural para vivir en salud física, emocional, mental y espiritual.

Estos adultos índigo que se acercan a recibir tratamientos naturales, despiertan su interés en aprender, para ayudar a los pequeños índigo y evitarles aquello por lo que ellos pasaron, me refiero a las consecuencias de su insomnio, de su rara forma de alimentarse, los dolores de cabeza constantes, la fuerte comezón en la espalda, la incomodidad ante multitudes, etc. y al aprender estas técnicas de curación, van descubriendo también la forma de utilizar sus propios dones para ayudar a otros.

Incluso, respecto al tema del tratamiento hacia los índigo, la psicoterapia suele ser enfocada solamente, para modificar la conducta hacia los parámetros "normales", de tal forma que, si unos padres llevan a su hijo al psicólogo porque ha sido diagnosticado con hiperactividad o déficit de atención o dislexia, seguro dirigirá su tratamiento para disminuir su hiperactividad o para activarlo a tener mayor atención o para corregir su dislexia, quizá apoyándose también con el uso alguna medicina.

Pero si ese sicólogo, tuviera la visión de que esa conducta es consecuencia de ser índigo y se enfocara en tratarlo como tal, o sea que, si es hiperactivo, el objetivo de la terapia no fuera quitárselo o reprimirlo, sino que el objetivo de su terapia fuera encontrar la forma de aprovechar esa hiperactividad, para que logre realizar múltiples actividades, pero saludables, como deporte o arte.

Que, si muestra déficit de atención, el objetivo de la terapia no fuera forzarlo a mantenerse más activo y realizar tareas por objetivos, o recurrir a la vieja técnica de premios y castigos, sino adentrarse en su mundo y descubrir juntos lo que provoca esos letargos, incluso descubrir lo que ese niño encuentra ahí, en ese lugar dentro de su mente a donde se va, evadiendo asimilar lo que tiene enfrente. Con la terapia adecuada podrá aprovechar esos momentos de contemplación o ensimismamiento para viajar entre sueños y encontrar nuevos retos, quizá mucho más interesantes que aquellos en lo que se le obliga a poner atención.

Si el obstáculo es la dislexia, en lugar de ejercitarlo hasta el cansancio sobre prácticas repetitivas, aburridas y eternas, que lo presionan hasta que su cerebro asimila forzadamente su lado izquierdo o derecho y, el sentido que debe tener todo lo que escribe o hace, si ahora, con toda esta información, se logra entender que desde un punto de vista energético, lo que necesita ese chico es aceptarlo desde su realidad y no desde la perspectiva de lo "normal", se le podrá ayudar a encontrar su punto de equilibrio, una vez que se descubre la razón por la cual su sensibilidad está en desbalance o fuera de enfoque o perspectiva.

Estos tres diagnósticos de dislexia, hiperactividad, déficit de atención o la combinación de ellos, se diagnostican cuando ingresan a la educación elemental, siendo una excelente edad para que se le ayude al pequeño a superarlo con sus propios recursos, mentales o biológicos, logrando además dirigir su potencial hacia actividades saludables, con el uso de la medicina alternativa o complementaria, ya que en cuestión de meses lo habrán superado y llegarán a la adolescencia con mayor confianza en sí mismos y armonía energética, encaminándose a la edad adulta donde podrán manifestar su misión de vida.

Capítulo 6

A los padres de familia

A estas alturas del libro, seguramente ustedes ya se han sentido identificados con muchas de las cosas que han leído, ahora mismo sus mentes han ido y venido recorriendo la historia de su experiencia como padres y quizá también su propia historia como hijos, espero que se estén sintiendo más claros y relajados, así que ahora leerán algo más específico dirigido a ustedes.

Según lo que yo he aprendido a través de mi experiencia humana y a través de mi conexión con guías espirituales (no encarnados), con quienes he mantenido comunicación desde mi infancia y les agradezco su guía en momentos trascendentes, en fin, por diferentes caminos he recibido este conocimiento y se los comparto, pensando que les ayudará a sentirse más confiados y seguros en su rol de padres.

Independientemente de lo que ustedes crean respecto al tema de dónde venimos antes de llegar a este mundo y a donde vamos después, les pido que abran su mente para que puedan recibir el siguiente mensaje. Cuando se llega el momento de que un alma venga a este mundo, con la lista de "pendientes por aprender", tiene la opción de elegir a los padres y todas las circunstancias que ellos traerán a su experiencia humana, mismas que le darán la oportunidad de cumplir con esa lista y lograr así su misión de vida.

Si este nuevo Ser, debido a su evolución, llegara a la panza de su mami con la luz índigo, no sería la excepción, eligió a sus padres y todo lo que con ellos vivirá en su experiencia humana, igual que todos los demás que no son índigos.

Para todos los padres de familia responsables, tener un hijo es un gran compromiso y ninguno llega al mundo con un manual, con los índigo es lo mismo solo que aumentado, si ese bebé los ha elegido es porque son justamente lo que el necesitaba, solo espera que lo amen incondicionalmente, lo acepten, lo reconozcan, lo protejan, lo apoyen y se comprometan con él, lo cual representará un reto más difícil por ser índigo.

Un hijo índigo es igual a cualquier otro, solo que todo en mayor proporción, pondrá a prueba su autoridad, los empujará a crecer y ser mejores personas, los confrontará en sus creencias y su fe, les hará tocar los límites de su paciencia y creatividad, les proyectará partes de ustedes mismos que se han negado a ver, les hará sentirse honrados por haberlos elegido y, sobre todo, les hará sentirse muy, muy orgullosos de que sea su hij@.

Menciono esto porque he visto una y otra vez las reacciones de los padres cuando tienen un hijo "diferente", más aún si ya tuvieron otros hijos con quienes todo fue "normal", principalmente la madre, que en la mayoría de los casos es quien se encarga las 24 horas del cuidado del bebé sobre todo las primeras semanas o meses.

Con est@ nuev@ hij@ se siente "desconectada", porque no logra adivinar lo que le pasa, ya que casi no duerme, a quien parece que con frecuencia algo le duele o le molesta, solo en veces se calma cuando lo toma en brazos, pero en veces tomarlo en brazos hace que se ponga peor, le aplica todos los remedios que se sabe y con nada le atina, para colmo el resto de la familia espera que ella resuelva la situación, como si fuera poco el cansancio y la frustración que de por sí ya siente.

La madre se siente torpe, inútil y de ahí hasta infinidad de auto castigos mentales porque cree que no está haciendo bien su papel, incluso siente que su propi@ hij@ la rechaza. El padre se siente molesto, pues obvio que la llegada de un bebé le roba la atención de la madre, ahora éste además le roba el sueño y la tranquilidad del hogar, para colmo la esposa espera que el padre le ayude a cuidarlo, a calmarlo, o por lo menos intentarlo, porque ella está muy cansada.

Todo empeora si la situación se prolonga, si pasan los días y semanas y siguen las noches de insomnio, de llanto, de reflujo, si entre ellos no hay buena comunicación y se pasan el tiempo con culpas y reclamos, si el embarazo no fue planeado o si la situación económica del matrimonio está en crisis.

Bastante difícil el entorno para un bebé recién llegado que, además, no se esperaba que la experiencia humana fuera tan insoportable, dolorosa, confusa, etc. si todo era perfecto en el mundo espiritual de donde él viene, desde allá se veía todo más fácil.

Les aseguro que ningún bebé índigo o no índigo tiene como parte de su misión de vida venir a joder a sus padres, aunque a veces lo podamos sentir así, por el contrario, ese bebé está librando sus propias batallas emocionales, mentales, físicas y espirituales, aunque no lo crean. Si pudieran entrar a la mente de ese bebé, como yo lo he hecho en muchos casos, quizá escucharían preguntas como estas:

porque gritan?, todos hablan muy fuerte...

porque tanto ruido?, me lastiman...

porque me duele todo el cuerpo?, no entiendo que es todo eso que siento por todas partes...

porque todos me tocan?, se siente feo...

porque mi panza devuelve todo?, tengo hambre...

porque sabe tan feo lo que me da mi mamá de su seno?, ¿será que así sabe el miedo o el coraje?

Cuando al fin todo está quieto, ¡no me dejan dormir!

Siento que algo me pica en el cuerpo, que me asfixian, ¡todo esto me asusta! que alguien me ayudee! me quiero regresaar!

Quienes escogí para que me cuidaran están enojados conmigo... ellos están más asustados que yo... si esto sigue así, mi mamá no va aguantar mucho, por mi culpa se va a enfermar o se va a morir antes que yo crezca... por mi culpa ellos pelean todo el tiempo, ¡nadie se quiere hacer cargo de mi... me quiero regresaar! etc. etc.

Se pueden imaginar el resto, lo que está sintiendo el bebé cuando lo llevan al médico y no entiende porque lo desnudan, porque lo pican, porque lo acuestan sobre ese plato tan frio, porque lo ponen a prueba si aún no sabe ni que está haciendo aquí y lo ven con lástima porque no ha crecido o no está haciendo lo que todos dicen que ya debería de hacer ... él está haciendo su mejor esfuerzo por superar todos sus males, aun cuando nadie le ha explicado nada, se siente sol@ librando sus batallas para sobrevivir, pues se trata de un índigo, que tiene una conciencia clara y despierta, no es como los demás bebés.

Y, por si fuera poco, lejos de explicarle las cosas y aliarse con él para superar cada reto, prefieren darle algo para forzarlo a dormir o a comer o a tranquilizarse, quitándole la oportunidad de que supere por sí mismo lo que le pasa. Y pensar que solo necesitaba más empatía y amor de unos padres que tuvieran la información adecuada en su cabeza y corazón. Esos padres podrían evitar muchos malestares a su bebé y vivir con más armonía en su hogar, si tan sólo hubieran tenido más información, si se hubieran enterado de la posibilidad de que su hij@ fuera índigo.

Si algunos de mis lectores están pasando por una situación semejante, no ha sido mi intención hacerlos sentir más mal, por el contrario, espero que ver las cosas desde la perspectiva del bebé les ayude a empatizar con él; háblenle de todo cuanto ocurre en su entorno, si apenas tiene días, semanas o meses de nacido, explíquenle de qué es cada ruido en su casa o en cualquier lugar donde se encuentren, díganle lo que van a hacer o a donde van a ir, o las actividades que están pasando en su entorno ya que aunque no pueda sentarse o ponerse de pie para verlo, les aseguro que está sintiendo todo y haciéndose muchas preguntas, si ustedes le hablan eso lo calmara y lo hará sentir en todo momento que está siendo guiado y protegido, sabrá entonces que no se equivocó en su elección de padres.

La hora de dormir es un momento muy importante en el crecimiento personal de todos los bebés, especialmente de los índigo, es un momento de intimidad entre madre e hijo o padre e hijo, pues durante la noche ese bebé se enfrentará con sus más grandes temores y eso será más llevadero con las siguientes recomendaciones:

- susurren a su oído algún cuento corto,
- pongan música relajante o una canción de cuna,
- respeten su espacio para dormir, si tienen que compartir la habitación con él, que duerma en algún moisés o cuna, no en la cama de sus padres, pues si duerme en la misma cama, estará "absorbiendo" o por lo menos sintiendo durante la noche toda la energía que sus padres "desechan".
- enciendan una luz tenue cerca de su cama, lo mejor son las lámparas de selenita.
- eviten discusiones a la hora de dormirl@, él puede sentir la agresión o el dolor, aunque no estén en la misma habitación.

Por ningún motivo traten de evitar que sus hijos libren sus propias batallas, la sobreprotección solo cría hijos inútiles, indefensos, temerosos. Ellos deben aprender a ejercer su poder interior, bajo la supervisión de sus padres, pueden darle a su hij@ todas las herramientas posibles para que aprenda a superar sus miedos, pero por favor no traten de evitar que confronten sus temores, hasta que logren superarlos.

Si su hij@ les grita desde su cama por la noche, contesten desde la cama de ustedes, a veces solo quiere saber que están ahí, quizá enseguida se vuelva a dormir, no es necesario que corran a traerl@ a dormir con ustedes, quizá ante un segundo llamado será necesario que se paren a donde pueda verlos, quizá un tercer llamado haga que se acerquen y l@ toquen y pueda ser hasta un quinto llamado cuando deban permanecer unos minutos con él o ella para que retome su sueño.

Esto aplica a muchos otros momentos en donde debemos darles la oportunidad de que se hagan responsables de sí mismos, siguiendo pasos de proximidad antes de mandar ese destructivo mensaje "debo hacerlo por ti" … implícito el mensaje … Porque eres torpe, porque eres muy pequeño, porque tú no puedes, etc. etc. todos esos mensajes implícitos que matan su poder interior. Ese poder interior que podemos cultivar o destruir desde los primeros meses de vida, el peor enemigo es la sobreprotección. El mejor aliado es nuestra propia seguridad y confianza ante la vida, para lo cual debemos sanar nuestros propios miedos.

Si es un pequeño que ya cumplió un año o dos, igualmente háblenle de todo, ustedes como padres son los encargados de mostrarle el mundo en que se encuentra y sean honestos cuando no sepan una respuesta, investíguenla y tradúzcanla en palabras que puede comprender.

Háganle saber todo el tiempo que están de su lado, aun cuando se llegue la edad de aplicar disciplina, háganlo explicándole el porqué del castigo y que este sea de acuerdo a su edad y por tiempo determinado, si le quitan un juguete háganle saber que será por un día o por 5 horas, sean justos y guarden una proporción adecuada falta/castigo; díganle exactamente la hora en que podrá volver a tener su juguete o si lo ponen en el llamado "time out" (sentado en un lugar específico sin moverse) que él pueda ver cuánto le falta para poderse levantar y que sepa porque fue el castigo para que entienda que podrá evitarlo si no repite la mala conducta.

Otra cosa, los castigos deben aplicarse en el mismo momento en que se comete la falta; a diferencia de los niños "normales", ustedes no tendrán ningún problema con los índigo, ellos tienen un sentido de la responsabilidad muy grande, he visto varios casos donde ellos mismos se "entregan", lo vi con mis propios hijos, a veces yo ni me había dado cuenta de alguna falta y me llevaban su juguete favorito o encerraban la bicicleta y luego me decían la falta que habían cometido y porque del autocastigo.

Es muy importante que le digan a su hij@, desde el vientre o los primeros días de nacido, con las palabras que nazcan de su corazón, que ustedes lo protegerán en este mundo, pídanle que el mism@ les ayude a entenderlo como siente, como piensa, que necesita, y que aun en momentos en que no logren entenderlo, lo seguirán amando, sincérense con él y explíquenle en el caso de que no haya sido planeado, denle sus razones y díganle si ese fuera el caso, que, aunque no fue planeado, al llegar al vientre lo esperaban con amor.

Háganle saber que en este mundo debemos pagar para cubrir necesidades y si ese fuera el caso, ustedes querían que llegara cuando estuvieran más solventes, pero que, aun así, es bienvenido y que le agradecen que los haya elegido, que ustedes harán su mejor esfuerzo y le piden que se deje guiar por ustedes en el mundo al que ha llegado.

Comprométanse a ayudarlo para que logre hacer, lo que vino a hacer en esta vida, díganle que ustedes saben que está aquí con propósitos bien grandes y harán su parte con todo el amor que les sea posible.

Los padres cuando no han tenido esta información, buscan desesperados una solución al presentar su hij@ los típicos síntomas de índigo: tiene problemas de sueño, alimenticios o de conducta, quizá los tres, esto afecta a toda la dinámica familiar, así que requieren resultados inmediatos, siendo en la mayoría de los casos, los profesionales de la salud los primeros en tener contacto con estos niños, sin embargo, muy pocos de ellos recomendarán algún tratamiento alternativo, los tratan con medicina alópata*.

Además, con las pocas horas de sueño y problemas alimenticios, los bebés no muestran un desarrollo normal; en mi experiencia he visto algunos de semanas de nacidos que han rechazado tres o cuatro diferentes fórmulas de leche incluso la materna y cuando al fin toleran una, padecen reflujo y esto se prolonga por meses, a pesar de todas las sugerencias médicas para controlar el reflujo, si este persiste y el bebé sigue regresando el alimento a veces en cantidades considerables, he conocido casos extremos en que se les interviene quirúrgicamente en el estómago para poder alimentarlo (colocando zondas).

En lo que respecta al sueño es semejante, nadie puede dormir con un bebé o infante que llora toda la noche o se despierta constantemente, también es un problema cualquier evento familiar porque este bebé o infante, siempre que se ve rodeado de gente está haciendo berrinche o llorando o insoportable, obviamente los padres necesitan que esto cambie cuanto antes para poder "llevar una vida normal".

En algunos casos he visto que los padres encuentran la solución quedándose uno en casa con el "niño problema" y el otro sale a las reuniones sociales o de paseo con otros hijos, lo cual afecta seriamente la integración de la familia.

La relación de pareja se ve afectada por todo: descanso interrumpido, vida social fracturada, actividades divididas y los consecuentes estados de ánimo propicios para un divorcio como: cansancio, apatía, abandono, egoísmo, culpa, irritabilidad, etc.

A los padres de familia que se encuentren en una situación semejante, les recomiendo que busquen información, que abran sus mentes, que agoten todos los recursos que tengan a su alcance antes de aplicar tratamientos prolongados que pueden traer efectos secundarios en sus hijitos, sobre todo si son bebés o infantes, pregunten, investiguen, encontrarán mucha información en internet, usen su criterio respecto a lo que leen, pues hay quienes terminan más confundidos al saturarse de información o cuando los diversos autores llaman de diferente manera la misma cosa o cuando el lenguaje es muy técnico o rebuscado, a veces llegan conmigo asustados de lo que leen y quieren que haga algo para quitarle lo índigo a sus hijos, como si eso fuera posible.

Otros padres, por el contrario, desean forzosamente que su hij@ sea diagnosticado como índigo, llegando al colmo de mentir o alterar la información que se le pide sobre el nacimiento y desarrollo de su hij@, con tal de obtener el título deseado.

Esto lo veo muy seguido en:

- familias donde la competencia es fuerte, en padres con el ego muy alzado, ya que desean demostrar que su hij@ es mejor o "tiene algo más" que los otros.

- también padres perfectos, con matrimonios perfectos, que deben tener hij@s que superen todos los estándares y les vendría bien el trofeo de tener un hij@ índigo, o

- esos padres que siempre se han sentido menos que todos y quieren sentirse realizados a través de sus hij@s, cueste lo que cueste.

Estos tres tipos de padres por lo general no les gusta su primera entrevista conmigo pues sea como sea, siempre les hablo del compromiso y responsabilidad que implica tener un hij@ índigo, así como la bendición y recompensas que con el tiempo llegan, les hago saber que el desarrollo de su hijo dependerá primero del trabajo que como padres hagan con ellos mismos como personas, sanando sus propias vidas para poder hacer algo por y con sus hij@s.

Casi siempre esperan pagarme para que yo "arregle" a sus hij@s, tanto para que se vuelvan normales como para que sigan siendo índigo pero sin problemas; no esperan que les diga que el principal trabajo es de ellos, los padres, yo solamente los oriento y asesoro para que cada quien haga lo que tenga que hacer consigo mismos y con sus hijos. Y vaya que solo eso, es bastante trabajo, ya que cada caso requiere una orientación diferente, no se tiene un manual con pasos del 1 al 10 para ayudar a su hij@, cada uno trae su propia historia y características, cada caso requiere su tiempo, atención y propuestas diferentes.

Espero que los padres que se hayan sentido atraídos a comprar este libro por tener un hij@ "raro", reciban el mensaje que no se trata solo de confirmar que sus hijos son índigo o no, por favor sigan leyendo y asuman el compromiso que implica el que sus hijos los hayan elegido como padres para formarlos primero como personas, con bastantes recursos internos para poder cumplir su misión en este mundo.

Tampoco se presionen al descubrir que su hijo es índigo y por tanto, ustedes deben ser algo más de lo que son ahora, claro que no, sus hijos los eligieron así como son, con sus cualidades y defectos, así son perfectos para ellos, no cometan el error de quienes se sienten inferiores a sus hijos cuando descubren que son índigo, dejándose manipular, chantajear o pisotear por ellos, por favor recuerden que ustedes son los responsables de formarlos como a cualquier otro hijo y hacerlos personas de bien, solo que con ellos deben ser más creativos, disciplinados y amorosos, para hacer un buen trabajo.

Ciertamente un hijo índigo es diferente desde el embarazo y les exigirá un trato diferente, solo necesitan informarse, ser más empáticos con ellos y darles los tres pasos que mencione antes, con sus propias palabras, sintiéndolo honestamente, de corazón y convirtiéndolo en algo sagrado** a través de sus creencias:

- Declarar de viva voz su amor y aceptación incondicional,
- Comprometerse a protegerlos y cuidarlos ante cualquier persona, incluso a veces hasta de la misma familia, circunstancia o cosa, más allá de los límites que ahora conocen,
- Ayudarles a realizar su misión sea cual sea, aceptando la forma en que les toque ayudar, respetar sus intereses y acompañarlos (en su total significado) en cualquier situación por dura que sea.

Por lo que yo he podido observar a lo largo de mi vida y mi propia historia, el ser índigo viene de alguna manera en los genes, así que si usted amable lector, descubre en este libro que su hijo es índigo, es por seguro que lo recibió por parte del padre o de la madre y así sucesivamente por generaciones, aun cuando hayan bloqueado estos dones, logrando pasar por la vida como gente "normal", sin embargo, en el fondo bien sabe que desde pequeño se esforzó por ocultarlo logrando bloquear esos dones, pero sabe que siguen ahí, dentro de usted, así que quizá aproveche esta lectura para aceptarse y sanarse primeramente, para después ayudar a su hij@.

Quiero compartirles algo que paso en el 2013, me encontraba en Wisconsin, USA, precisamente impartiendo la conferencia sobre niños índigo, en un centro comunitario para hispanos y llamo la atención que en medio de un público de latinos, entro un hombre de aspecto anglosajón, como de 50 años, alto de estatura, con su cabello entrecano caucásico, vestimenta deportiva, al parecer era su día de descanso en el trabajo y esa fría mañana de menos veinte grados centígrados de temperatura, no le importaba que lo voltearan a ver por distinguirse en sus rasgos físicos, diferente a todos.

Se registró al entrar y le preguntaron si entendía español, porque la conferencia sería en español, él dijo que no lo entendía pero que tenía mucho interés en el tema, que había estado esperando ese día desde que anunciaron el evento semanas antes, así que pidió que alguien le hiciera el favor de traducirle y una de mis compañeras de ofreció a ayudarlo.

Mientras dábamos inicio a la charla, le preguntaron porque le había llamado la atención y dijo que por las preguntas que hacían en la publicidad; eran algo así como… Su hij@ despierta con frecuencia llorando por las noches?... Su hij@ platica o juega con personas que usted no puede ver?... Su hij@ ha tenido problemas digestivos desde recién nacid@?... Su hij@ le ha prevenido sobre algo que después sucede?

Al parecer este señor iba con frecuencia a ese centro y le pidió a alguien que le tradujera la publicidad, así que llegó con tiempo y tomó asiento en un buen lugar, cuando hablé de mi historia personal, todo el tiempo él me sonreía como si se tratara de alguien que él ya conocía; más adelante cuando hablo de las características de los niños se mostró muy conmovido, sus pesadas lagrimas rodaban y me partía el corazón verlo, como un niño que al fin se siente cobijado por la comprensión, su rostro más bien rudo, se mostró vulnerable y cuando pase al tema de las recomendaciones a los padres, toda su actitud cambio, su expresión se endureció y en determinado momento hizo una rabieta y salió del salón casi aventando la silla y azotando la puerta.

Al finalizar la conferencia, mi compañera que lo había estado asistiendo me compartió que, lo había seguido cuando salió tan enojado para preguntarle qué era lo que le había molestado tanto, cuando logro alcanzarlo, casi en el elevador, solo expresaba su coraje, mucho coraje y ella siguió hablando con él pacientemente, dejo que desahogara su coraje y después le pidió que se tranquilizara un poco para poder hablar, él dijo que estaba tan enojado porque sus padres debieron escuchar algo así cuando él era niño, cerraba los puños maldiciendo entre dientes, llorando decía: ¿Por qué nunca buscaron opciones? ¿Por qué me obligaron a ser como ellos querían? ¿Por qué tuve que sentirme tan acomplejado todo este tiempo?

Después todo su coraje se transformó en llanto, confesándole que su infancia había sido terrible debido a que sus padres nunca lo comprendieron, siempre lo obligaron a ser una persona que no era, por ultimo le pidió que lo disculpara conmigo por su falta de educación, por la forma en que salió del salón y que me pidiera que siguiera adelante haciendo lo que hago, que ojalá logre cambiar la infancia de muchos niños, que, por lo pronto a él, le había hecho más feliz por el resto de su vida.

*medicina basada en el método científico, medicina industrial.

**Orando según su religión o mencionando el nombre de Jehová, Jesús, Dios, Gran Espiritu, etc.

Capítulo 7

A los profesionales de la educación

Los índigo son identificados fácilmente por ustedes maestros, tutores, asesores, orientadores y por todo el personal de una escuela, pero, quizá la mayoría desconoce el término "índigo" y solo los identifican como "niños problema" o "raros", espero que este libro les ofrezca información que les oriente para saber aprovechar el potencial de un índigo y que ustedes puedan ayudarlo, viendo la transformación de un niño problema a un niño brillante.

La razón de dedicar un capítulo de este libro a ustedes, profesionales de la educación, es la misma que me motiva a dedicarles especial atención cuando asisten a cualquier actividad del Circulo SHI: para que la próxima vez que encuentren un índigo en su escuela, una vez que lo hayan identificado, se esfuercen en empatizar con él o ella y le brinden una atención diferente, no me refiero a concesiones ni privilegios, por el contrario, quizá exigirles más que al resto de l@s niñ@s, porque su intelecto y percepción son superiores, solo deberán cambiar la forma de trabajar con ellos y puedo asegurar que obtendrán grandes resultados positivos.

Salvo muy pocas excepciones, lo que he visto es que los profesionales de la educación desconocen sobre el tema de los índigo y sus características, pretenden, haciendo uso de su autoridad en la escuela, que todos los alumnos vayan al mismo ritmo y aprendan bajo el mismo método; es obvio que un maestro frente a un grupo de 40 o 50***, no tiene tiempo para una atención personalizada, pero como cada día aparecen más y más índigo, sus problemas crecen respecto a la disciplina y calificaciones; encontrarán grandes beneficios con solo implementar algunas modificaciones en sus métodos de enseñanza.

Es muy cierto, que lo ideal sería, contar con escuelas públicas especiales para índigo, pero mientras eso sucede, los maestros tienen que lidiar con ellos junto al resto, los "normales", lo cual representa un gran reto en los primeros intentos y como todo, ustedes maestros irán aprendiendo a aplicar algunos cambios que ayudarán a transformar el salón de clases, del caos al éxito, pues los índigo también son niñ@s que van a la escuela con ilusión de aprender, pero van a diferente ritmo y aprenden de manera diferente, por eso en ocasiones provocan desorden en el grupo, aunque no sea su intención, solo están tratando de ser ellos mismos según su propia naturaleza.

También entiendo a los maestros cansados, con dolores de cabeza constantes que exigen a los padres de est@s niñ@s raros que atiendan a sus hijos, que los lleven al médico, al sicólogo o terapeutas que ofrezcan resultados inmediatos, para recuperar el control de su grupo o mantener la disciplina, quieren ver que es@s niñ@s inquiet@s, hablantines, contestones o dispers@s, les presten atención y actúen como los demás, dando muestras de que están aprendiendo según los parámetros establecidos.

Con justa razón, un maestro se molestará y desesperará cuando un niñ@ está todo el tiempo distrayendo a otros en clase, ya sea con bromas, preguntas, sonidos o movimientos constantes, así que lo reportará para que sea atendido, llamen a sus padres y hagan lo necesario para que corrija su conducta y algunas veces se encuentran con la apatía de los padres, que no tienen idea cómo se comporta su hijo en el salón de clases, pues en casa es diferente.

Esto sucede porque la estimulación energética que recibe un índigo es diferente en cada lugar, por lo tanto, reacciona diferente a cada estimulación, así que se comportara diferente en la escuela, la casa, la iglesia, el parque, etc. La energía en el entorno tiene que ver con las personas, los animales, la naturaleza; también con las energías que ha guardado ese lugar por años, que se han quedado grabadas ahí por alguna razón; se integran también las vibraciones del momento en particular, como pueden ser, los sentimientos de las personas que están alrededor, todo eso lo percibe un índigo, sintiendo una reacción inmediata que lo hace sentir confundido y quizá también influyen en los que no son índigo solo que lo perciben en menor intensidad y de manera inconsciente, por lo que su reacción no es tan inmediata ni tan intensa.

Además, por lo general, tienen un coeficiente intelectual superior, incluso en la categoría de "genio" y se aburre con el ritmo tan lento en que aprenden los demás; para el índigo, el salón de clases lo siente como una cárcel, los temas le aburren, el tiempo parece ir tan lento para ellos que les genera mucha ansiedad y les resulta muy difícil poder permanecer quietos, callados y atentos, aunque tengan la intención de hacerlo.

Los maestros, podrían esforzarse en ser más creativos y empáticos con estos niños, que se esfuerzan por no dar problemas pero terminan haciéndolo, para confirmar esto solo deben observar a un índigo como es de atento cuando ven un tema nuevo, cuando algo en clase parece un reto o lo contrario, cuando se queda ensimismado en sus pensamientos, con su mente en otra parte, porque lo que dice el maestro ya no llama su atención, muy probablemente porque ya lo sabe o porque la forma de exponerlo es siempre la misma.

Un índigo aprende a través de todos sus sentidos no solo a través del oído, si quiere aprovechar su potencial ofrézcale diversos medios de aprendizaje a veces hasta con cambios en su tono de voz puede obtener mayor atención o respuesta en acción. Si le permite hacer experimentos, tocar cosas, crear algo, exponer en clase, en fin, hay infinidad de maneras en que puede ampliar sus posibilidades de aprendizaje. Ese niñ@ podría convertirse en el mejor de su grupo con sólo hacer algunos cambios, que podrían incluir aprendizaje en movimiento; así la disciplina no será problema, porque entenderá perfectamente que para tener derecho a tales actividades que le encantan, deberá cumplir primero ciertos requisitos, aunque no le gusten.

Durante mi educación primaria, fui la número uno en reportes por indisciplina, pero la que siempre sabía todo en clase, incluso disfrutaba corregir a mis maestros; mi madre era la visitante más frecuente de la oficina del director, viví toda clase de correctivos de mis maestros; pero también, fui quien siempre ganó los concursos de gramática, matemáticas, historia, etc., mis calificaciones no siempre fueron las más altas del grupo, porque mi conducta me restaba puntos, pero cuando alguien debía representar a la escuela en competencias de conocimiento, yo era la indicada por mi rapidez mental y porque no conocía el nerviosismo o temor, que generalmente traiciona a los niños cuando se someten a evaluaciones bajo presión o estrés.

Ojalá mis maestros hubieran tenido esta información, para haberse ahorrado malos momentos conmigo, aunque bien recuerdo que me esforzaba bastante por tratar de mantenerme en mi asiento, atenta y callada, pero terminaba por desobedecer y asumir las consecuencias, muchas veces me pregunté porque no podía ser como los demás o, porque los demás no eran como yo; resumo confesando que después de la escuela primaria, el resto de mi educación fue en sistemas abiertos o semi-escolarizados, para poder seguir mi propio ritmo y método de estudio.

Si pudiera definir, en una palabra, como se siente un índigo durante su tiempo en clase, yo diría que confundido, sobre todo los primeros años. Me refiero a quienes asisten, a las escuelas con la típica y conservadora forma de enseñanza, porque hay otras instituciones (privadas) con métodos modernos, que consideran la individualidad, como el valor prioritario y entrenan a sus maestros, en una forma de enseñanza casi personal con cada alumn@.

Estas escuelas que surgieron después del descubrimiento de los índigo (60's), son excelentes para proyectar el potencial de cada alumno, índigo o no; solo que tenemos dos problemas con estos brillantes colegios.

Primero, existen en muy pocos países de Latinoamérica y segundo, están al alcance de pocos, por sus costos y ubicación.

Si ustedes maestros, tienen la fortuna de trabajar en alguno de estos centros de estudio, los felicito, porque seguramente son testigos del crecimiento extraordinario de los pequeños índigo y ustedes son con frecuencia entrenados y actualizados, para lograr un aprovechamiento casi total en cada uno de sus alumnos. Felicito también a los padres de familia, que tienen la posibilidad de brindar esta educación particular, excelente, a sus hijos, sobre todo si son índigo, ya que, para ellos, su misión de vida, es mucho más compleja y profunda, que la del resto de los chicos "normales".

Para el resto de los trabajadores de la educación, que prestan sus servicios en escuelas públicas y/o del sistema tradicional, que día con día explotan su creatividad y paciencia, para lograr los mejores resultados con su trabajo, en la mayoría de los casos, con pocos recursos materiales y mucha presión laboral sobre sus hombros, para ustedes mi admiración y respeto.

Siempre tuve un gran cariño por mis maestras de la escuela primaria, Tina, Bertha y Martha, muchos años después las seguía visitando con un sentimiento de gratitud hacia cada una, porque siempre reconocí el esfuerzo que hicieron por "meterme en cintura" para mi propio bien y para que no me metiera en problemas; también sentí su admiración por mi inteligencia y su orgullo por mí, cuando se trataba de llevarme a competencias o eventos en representación de mi grupo o escuela.

Pensando en ustedes maestros y comprendiendo su difícil tarea, les comparto algunas recomendaciones, que podrán aplicar con sus alumnos "diferentes", con la esperanza que les ayuden a conseguir, que esos pequeños índigo, den lo mejor de sí mismos, conserven el orden y la disciplina en el salón de clases, para su mejor desempeño y el de sus compañeros de grupo.

Aparte de todas las características generales que describo en otro capítulo, los índigo se caracterizan básicamente por dos comportamientos en el salón de clases: Primero, equilibran el aburrimiento ante algo que ya saben, distrayendo a otros niños, ya sea molestándolos o platicando o haciéndose los graciosos. Segundo, evaden el aburrimiento dirigiendo su mente a otra parte, fantasías, algo que les preocupa o algo que vivieron o algo que están planeando hacer.

En estas dos maneras de reaccionar ante algo que les parece aburrido, es donde nacen la hiperactividad y el déficit de atención o la combinación de ambos, así que el maestro podrá seguir alguna de las siguientes alternativas para recuperar su atención y negociar su buen comportamiento, de forma constructiva.

Cuando un índigo se siente ansioso, por la gran cantidad de energía que está percibiendo, le será difícil mantenerse sentado y mucho menos quieto, esta ansiedad nace en su chakra raíz (ubicado en el perineo, entre los testículos y el ano en los hombres y en las mujeres entre la vagina y el ano). Este hormigueo en el perineo, lo experimentará el resto de su vida, cada vez con mayor control, conforme aprenda a manejar su propia energía.

Esta sensación, vendrá cada vez que su espíritu le recuerde (inconscientemente) que tiene mucho que hacer y debe ir más rápido; que su misión de vida es muy grande y el ritmo en que está avanzando en ese momento es lento. (Les recomiendo consultar el capítulo 2 donde explico la energía de cada chakra).

Así que cada vez que un índigo está inquieto en su lugar, puede ayudarle que se ponga de pie por unos 5 minutos y haga un movimiento pendular entre su pierna izquierda y su pierna derecha, balaceándose de un lado a otro y mientras lo hace, cierre sus ojos y sacuda sus manos para descargar la ansiedad. Seguramente iniciara este balanceo a un ritmo acelerado, pero veremos cómo sin darse cuenta, ira bajando lentamente el ritmo en que lo hace, es un ejercicio energético que le ayudará a calmar su ansiedad. Si acaso duda que este movimiento tranquilice a su alumn@, pruébelo usted mismo, en algún momento de ansiedad y experimentará el resultado. Este ejercicio, es algo que hasta el día de hoy yo misma practico, cuando me siento inquieta o desesperada, antes de impartir un taller o comenzar una conferencia o abordar un avión.

Otra recomendación para disminuir el exceso de estimulación, es que le pida al niñ@ que salga unos 3-5 minutos y camine descalzo sobre tierra o pasto o por lo menos se siente en el piso por unos minutos, mientras lo hace, igualmente cierre sus ojos y sacuda sus manos, esto le ayudara a contactar sus raíces, ese lugar divino de donde llego hace apenas unos años, así, su espíritu sabrá que está siendo escuchado pero deberá dar tregua a la mente, para accionar al ritmo que las circunstancias le permiten. La ansiedad desaparecerá y podrá regresar al salón de clases más tranquilo.

La tercer recomendación es, que le permita al niñ@ ir al lavamanos y ahí ponga ambas palmas de sus manos bajo el chorro de agua fría, digamos un minuto, luego las retire del agua y las sacuda mientras camina un poco, enseguida regresa a ponerlas bajo el chorro del agua por otro minuto, haciendo esto durante unas tres veces, le ayudara a limpiar sus canales de energía, (los más grandes están en las manos) brindándole relajación y alivio, suficiente para volver al salón de clases y estar tranquilo mientras llega la hora de ir a casa o el descanso para salir a correr o jugar.

Si por el contrario, detecta en el grupo a algún niñ@ distraído, con la mirada perdida en la ventana o en cualquier objeto, primero asegúrese donde tiene puesta su atención, pues algunas veces nuestra mirada y nuestra atención no están en el mismo lugar, podemos estar viendo fijamente hacia el lado opuesto al maestro, pero captando totalmente lo que explica, quizá mucho más que otros niños que tienen su mirada en el maestro, están quietos, callados, parecen darle toda su atención, pero no están captando nada, porque en realidad su mente está en otra parte.

Recomiendo que si usted maestro, observa esta conducta en un alumn@, lo primero que hará será cerciorarse donde tiene su mente, quizá haciéndole preguntas sobre el tema del que están hablando en clase o la actividad que el grupo está haciendo o la instrucción que recién les ordenó. Si le responde acertadamente las preguntas, entonces sabrá que no tiene déficit de atención, solamente capta las cosas de diferente manera.

Si las respuestas no son acertadas, aun me atrevo a pedirle que haga un segundo intento preguntándole ¿porque no está poniendo atención? ¿No le parece interesante el tema? ¿Es algo que ya sabe? quizá le sorprenda la respuesta que recibirá, sobre todo si su alumno tiene el valor o la confianza para expresarse libremente.

Por último, si realmente no tiene puesta su atención en la clase, pero ya domina el tema, pídale que haga algún ejercicio extra, que dibuje algo sobre el tema, que le ayude a revisar algo o que pase al frente a compartir con sus compañeros como tiene aprendido el tema, pero no para exhibirlo o como castigo, por el contrario, para que se integre al grupo de manera constructiva.

Si todas estas recomendaciones las aplican haciendo sentir al alumn@ que están de su lado, que l@ entienden y tratan de ayudarle, estarán construyendo una relación positiva entre ustedes, pero si, al contrario, lo aplican a manera de castigo, con juicio, con una actitud agresiva, etc. su resultado será exactamente el opuesto, le estarán dando a ese niñ@ índigo más herramientas para manipular y evadir la clase.

Todas estas recomendaciones puedo asegurar que surtirán un efecto positivo, siempre y cuando los padres estén trabajando en ellos mismos, en la relación con su hijo y en mantener un ambiente armónico en casa.

Un buen porcentaje de los niñ@s y adolescentes que he conocido, diagnosticados con hiperactividad y/o déficit de atención, han cambiado radicalmente sus resultados de aprendizaje cuando los padres y maestros abren sus mentes más allá de los manuales, la lógica y lo científicamente comprobado hasta hoy.

En mi experiencia con algunos casos que he tenido oportunidad de dar seguimiento, los maestros hacen uso de su gran capacidad creativa y una vez que entienden las características de los índigo, ellos desarrollan otras técnicas para aprovechar su potencial, incluso acuerdan una reunión por mes con los padres para compartir sobre las nuevas ideas que están poniendo en práctica, tanto en casa como en la escuela y los resultados que han tenido.

Debo decirles que los maestros se ven altamente beneficiados cuando logran empatizar con los índigo, pues como dije antes, cada día llegan más a este mundo y ya no basta con librarse del niño problema al final del año escolar, pues quizá en su siguiente grupo tendrá tres o cuatro, así que todo lo que ponga en práctica con buenos resultados, seguramente le servirá para todos los siguientes, claro con sus respectivas variantes.

Quizá usted maestro, orientadora o director de una institución educativa, será quien le hable por primera vez sobre el tema de los índigo a unos padres desorientados y confundidos, que se han pasado los primeros años de vida de su hij@, sin entenderlo y queriendo forzarlo a que sea "normal".

Por si no ha quedado claro, justamente esa es la razón por la cual doy especial atención en mis eventos a los profesionales de la educación, ya que pueden ser grandes agentes de cambio en la vida de un índigo y por consecuencia de una familia.

En las grandes ciudades o en los pequeños pueblos, el maestro o director de una escuela representa una autoridad para los niños, deben desempeñarse conscientes de esta responsabilidad y privilegio; a los padres corresponde encargarse que así sea, educando a sus hijos para que los vean como tales y se les trate con obediencia y respeto.

Es cierto que vivimos una realidad donde los valores han ido en decadencia, pero soy una mujer de fe y estoy consciente que depende de nosotros mismos vivir en un mundo mejor, es por ello que llegan los índigo, para ayudar a mejorar este mundo, así que colaboremos para que cada uno de ellos haga lo que vino a hacer.

Un maestro que logra explorar su vocación hacia la búsqueda de nuevas herramientas, que hace un esfuerzo extra en su trabajo, que disfruta lo que hace y siente vibrar su corazón ante un cambio positivo de su alumno, ese maestro o maestra está realizando lo que vino a hacer, al igual que lo hace un plomero, un ingeniero, una secretaria o un médico y todos seguramente conocen a un índigo, pero ninguno tendrá el privilegio de afectarlo tanto para bien o para mal, como su maestro.

La primera oportunidad que tiene un índigo de ser aceptado, reconocido, apoyado para realizar su misión de vida, obviamente son sus padres, la segunda opción son sus maestros, quienes pueden desde su posición en la dinámica social, influenciar al alumno y a sus padres también.

*** cantidad promedio por grupo en escuelas públicas en México

Capítulo 8

A los profesionales de la salud

En todos los casos que conozco de niñ@s índigo, se encuentra involucrado al principio de la historia, ya sea el pediatra de cabecera o la enfermera, consejera o sicóloga de la escuela, por ello considero que todos los profesionales de la salud son un personaje muy importante, para conseguir un desarrollo armónico de est@s niñ@s.

En los capítulos anteriores ya expuse la forma en que los índigos se van manifestando desde recién nacidos, así que resulta casi obvio que uno de los primeros profesionales con quienes acuden los padres es el pediatra, buscando alivio para los diferentes padecimientos que van apareciendo en su hij@, desde los primeros años, meses o días de vida.

Luego, durante la edad escolar serán otros profesionales de la salud que tendrán participación en el desarrollo del menor, sobre todo durante la escuela primaria (6 – 12 años aproximadamente) experimentará grandes y constantes retos, por los que pueden recibir diagnósticos como déficit de atención o hiperactividad o ambos, que son los más comunes.

Entiendo que es bastante difícil para ustedes, pedirles que abran su mente a conocimiento que no es científico, cuando han dedicado años de su vida al estudio de la ciencia, sin embargo, lo intentaré.

Antes de ser profesionales de la salud también fueron niños y es muy probable que hayan sido curados alguna vez en casa con los remedios de la abuela, sobre todo para quienes tenemos sangre latina, esto es común hasta la fecha, así que en algún momento lo experimentaron y recibieron el beneficio de lo que ahora se llama medicina alternativa; seguro podrán darle cierta credibilidad al uso de hierbas, ungüentos, piedras, raíces, aromas, masaje o frotar con las manos.

El uso de la medicina alternativa en casa, incluye utilizar los elementos naturales (tierra, viento, agua y fuego) para curar ciertas molestias, me refiero a calentar pedazos de tela con alguna hierba para aliviar el dolor de un cólico menstrual o enfriar una pequeña toalla para aplicarla sobre la frente y bajar la fiebre; podría mencionar muchos remedios de abuela que se usan diariamente en casa incluso por los profesionales de la salud, que también son padres o abuelos y antes fueron niños.

Por supuesto estoy hablando del uso de estas herramientas naturales para aliviar molestias, no padecimientos crónicos o graves, en donde es obvia la necesidad de medicina alópata o hasta una cirugía con urgencia.

El uso de medicina alternativa se recomienda para ser utilizada de manera preventiva o como primera instancia o de manera simultánea a la medicina alópata para que ayude a aliviar molestias o curar energéticamente algún mal físico cuando empieza a manifestarse.

Así que, este capítulo tiene como objetivo, invocar en ustedes, profesionales de la salud, su consideración, para que por favor se den la oportunidad de abrir su mente a la información, que les comparto en este libro y merezca que la tomen en cuenta; deseando desde mi corazón, que la próxima vez que lleguen a su consultorio unos padres angustiados con su pequeñ@, de semanas o meses de nacid@ indicando que no duerme bien, no se alimenta en forma adecuada, etc., si después de hacerles ciertas preguntas, con la información que recibieron en este libro, ustedes sospechan que se trata de un índigo, le puedan dar la oportunidad a su organismo de adaptarse a este mundo y crear sus propias defensas ante energías desconocidas, antes de medicarl@ o por lo menos, hacerlo de forma simultánea, mientras se aplica algún tratamiento alópata ligero, se le observa para asegurarse que su organismo está respondiendo para adaptarse de forma natural.

Quizá pueda usted médico o enfermera, dedicar unos minutos para hablar con los padres sobre el tema de niños índigo, incluso no es necesario profundizar sobre términos de energía, con los cuales no se sienta cómodo de tratarlos, basta simplemente con que logre sembrar en ellos la curiosidad para que investiguen, para que abran su mente a otras razones por las que su hij@ se comporta diferente y que puede no tratarse de enfermedades.

Estoy segura que las palabras de un profesional de la salud tienen un valor superior, al menos en nuestra cultura, en donde se nos enseña a respetar a los médicos y enfermeras, ubicándolos en un lugar muy cercano a Dios; así que con unos minutos que invierta para mencionar el tema de los índigo, el efecto será de un beneficio multiplicado.

Estará usted aportando algo, para que es@ pequeñ@ índigo desarrolle recursos propios que le ayudaran a realizar lo que vino a hacer con más armonía en su entorno. Ayudará a sus padres para que fortalezcan su fe en ellos mismos y en su hij@, tan solo eso es una aportación grandísima para el mundo, que ojalá logre manifestarse, aunque no logre entenderlo porque a veces las evidencias tardan generaciones en aparecer, pero con toda certeza les aseguro que así será.

También quiero abordar la posibilidad de que ustedes profesionales de la salud, se encuentren en una consulta o en el hospital con algunos índigo no tan pequeños, me refiero adolescentes, pues con toda la revolución hormonal de esta edad, es probable que algunas cualidades salgan a la luz con mayor fuerza, que en los primeros años de vida, en ese caso, seguirá siendo conveniente hacer preguntas sobre las características de los índigo que aparecen en el capítulo de este libro llamado así, "cualidades", nunca es tarde para identificar a un índigo y se beneficie de la aceptación y reconocimiento que traerán gran paz a su vida.

Nuevamente hago hincapié en la importancia de hablar con los padres de un índigo, ya que como lo he mencionado en otros párrafos, casi seguro que uno de los padres y/o abuelos también son o fueron índigo, con muchas menos posibilidades de haber sido entendidos, incluso aunque ya se encuentren en el mundo de los espíritus, les puedo asegurar que desde allá, agradecerán ser comprendidos.

Por último, es muy probable que usted siendo un profesional de la salud, sea también un índigo, en mi familia hay dos médicos y media docena más de profesionales de la salud y otros tantos que sin estudios universitarios ofrecen al servicio de la humanidad habilidades innatas y conocimiento ancestral, esto es porque gran parte de los índigo traemos como misión de vida justamente ayudar a preservar la vida y propiciar una mejor vida.

Así que contemplo la posibilidad que a ustedes mismos les esté sirviendo este libro que finalmente verá la luz, después de años de gestación en mi alma, ya que podrán aceptarse, entenderse y con ello aceptar y entender a otros índigo que se atraviesen en su camino, créanme que a veces no se necesita una gran intervención para hacer la diferencia, a veces basta unas cuantas palabras, una mirada o un leve contacto físico para conectarnos unos con otros y con ello sentir que no estamos solos, no estamos locos y venimos aquí por una razón.

Créanme que cada índigo ahora convertido en adulto responsable, feliz y que se esfuerza por hacer lo que vino a hacer, es una aportación grandísima de bienestar en el mundo, aunque él mismo o ella misma no lo sepa o no lo pueda dimensionar, lo mejor que una persona puede ofrecer al mundo es su propia paz interior.

Les agradezco que a pesar de la apatía con que pudieron empezar a leerme hayan llegado hasta aquí y me sigan acompañando en mis siguientes escritos sobre temas semejantes.

Capítulo 9

Seguiremos sembrando

Agradezco profundamente a quienes han llegado hasta el final de este libro, espero que nos sigamos encontrando en el camino, quizá en alguna conferencia, un curso, taller, retiro o cualquier otra actividad, por favor no juzguen el contenido por la redacción que seguramente lleva errores, les pido que vean la intención llena de amor y buena voluntad.

Han pasado varios años en el proceso, para que finalmente vea la luz esta sencilla obra, que, dicho sea de paso, escribo con mucha fe de llegar a muchos hogares para ayudar a llevar armonía y sueño con que sea traducido y recibido en otros países con el mismo objetivo.

Siento un profundo agradecimiento por todo el personal de Hay House y su loable trabajo, la idea de convocar a escritores amateur para publicar "algo bueno que tengamos que decirle al mundo" es una gran puerta que, al menos en mi caso, está haciendo realidad uno de mis sueños desde niña. Esta puerta se abrió para mí con la mano de Águeda Rodríguez, quien encontró la convocatoria en internet y mando la solicitud en mi nombre, sirviendo después de intérprete también en todo el proceso. Soy muy afortunada y agradezco cada dia, por encontrarme en el camino con personas así, que se suman al Circulo SHI y fortalecen cada proyecto, cada idea, cada locura.

Entre tanto, sigo recorriendo kilómetros para atender grupos y citas individuales, en México y Estados Unidos hasta ahora, en grandes ciudades y pequeñas, en pueblos, en cualquier lugar a donde nos invitan a prestar nuestros servicios, espero con mucha fé poder llegar pronto a otros países y seguir aprendiendo, sirviendo y haciendo amigos.

En cada oportunidad que tengo voy escribiendo los siguientes libros que vendrán después de éste, a veces en los aeropuertos, en los trayectos de autobús, a mitad de la noche, en cafeterías, en donde puedo hago anotaciones o abro esta computadora que me ha acompañado por diez años en la espalda, para agregar algunas líneas o corregir algo ya escrito, con la intención de compartir lo más que pueda y espero seguir haciendo lo que vine a hacer de todas las formas posibles que estén a mi alcance.

Gracias, hasta pronto.

Contacto:

circuloshi@hotmail.com
USA 915 9220050 y 626 2212730
MEX 6141779610 Y 6142281282

Printed in the United States
By Bookmasters